現代箱庭療法

sandplay therapy

織田尚生
大住誠　著

誠信書房

写真でみる箱庭事例の経過

各事例の解説は、事例編の該当ページを参照のこと。

写真1
事例1　箱庭1回目
p.112

写真2
事例1　箱庭3回目
p.114

写真3
事例1　箱庭5回目
p.114

写真4
事例1　箱庭9回目
p.115

写真5
事例1　箱庭13回目
p.118

写真6
事例1　箱庭16回目
p.120

写真7
事例1　箱庭19回目
p.121

写真8
事例1　箱庭21回目
p.122

写真9
事例1　箱庭24回目
p.123

写真10
事例2　箱庭1回目
p.128

写真11
事例2　描画1回目
p.130

写真12
事例2　箱庭19回目
p.131

写真13
事例2　箱庭23回目
p.132

写真14 事例2 箱庭24回目 p.132

写真15 事例2 箱庭28回目 p.134

写真16 事例2 箱庭30回目 p.135

写真17　事例2　描画2回目

p.135

写真18　事例2　描画5回目

p.137

写真19　事例2　描画6回目

p.137

写真20　事例2　箱庭32回目

p.139

写真21
事例3 箱庭1回目
p.145

写真22
事例3 箱庭3回目
p.148

写真23
事例3 箱庭4回目
p.149

写真24
事例3 箱庭6回目
p.151

写真25
事例3　箱庭7回目
p.153

写真26
事例3　箱庭12回目
p.158

写真27
事例3　箱庭14回目
p.162

写真28
事例4　箱庭1回目
p.169

写真29
事例4　箱庭4回目
p.170

写真30
事例4　箱庭7回目
p.171

写真31　事例4　箱庭10回目
p.172

写真32　事例4　箱庭12回目
p.173

写真33　事例4　箱庭18回目
p.175

写真34
事例4　箱庭22回目
p.176

写真35
事例4　箱庭24回目
p.177

写真36
事例4　箱庭25回目
p.177

写真37
事例4　箱庭35回目
p.179

写真38
事例4　箱庭38回目
p.181

写真39
事例4　箱庭39回目
p.182

写真40
事例4　箱庭40回目
p.183

写真41
事例4　箱庭44回目
p.186

写真42
事例4　箱庭45回目
p.187

写真43
事例5　箱庭2回目
p.193

写真44
事例5　箱庭4回目
p.194

写真45
事例5　箱庭6回目
p.195

写真46
事例5　箱庭12回目
p.198

写真47
事例5　箱庭13回目
p.199

写真48
事例5　箱庭14回目
p.200

写真49
事例5　箱庭16回目
p.200

写真50 事例5 箱庭17回目
p.201

写真51 事例5 箱庭18回目
p.202

写真52 事例5 箱庭20回目
p.202

ジョイント・イマジネーションという知恵——序にかえて

大阪大学人間科学研究科
老松克博

本書は、今は亡き織田尚生先生の心理療法論の集大成である。先生のほのぼのとした人柄にはいつも心洗われる思いがし、ときに浮世離れした姿にも見えたほどだったが、他方、先生はまことに厳格で律儀な面も併せ持っておられた。先生に会うと、私はいつもそうした両極を感じたものである。本書を読んで、先生の長きにわたる仕事のエッセンスにふれてみると、それら両極が「真正なる想像」——imaginatio vera——という一点でみごとに縒《よ》り合わされていることがわかる。そして、ひとりの臨床家が生涯をかけて真摯に探求したものの重みが、深く深く胸に沁み入ってくる。

その「重み」は、セラピストの側もまた癒えることのない傷を本来的に抱え続けているという絶望的な認識と、逆説的ではあるが、ほかならぬその傷を徹底的にクライエントの癒しの契機にしようとする試みとに由来する。本書では、そうした探求の成果が、「現代箱庭療法」、「新しい箱庭療法」という呼称のもとに提示されている。その方法論を要約して示すと、こうである。すなわち、クライエントとセラピストがおのおの真剣に想像活動（箱庭作成と瞑想）を行うと、両者の中間領域に変容と創造のための器（錬金術的な容器）が布置される。この器は両者の内的経験が重なり合う場になっているので、そこでセラピスト自身が経験する癒しは、共時的にクライエントにももたらされる。

ユングの分析心理学になじみのない読者には、今述べた要約が、抽象的で神秘主義的ないかがわしい信念にしか聞こえないかもしれない。だが、そのような現象がほんとうに生じるという事実を、本書はきわめて具体的に証している。織田先生の心理療法論は、本来、心理療法における非常に広範な領域に対して妥当なものだが、本書でなされているように箱庭療法の写真を介して示されると、百聞は一見にしかずで、格段の現実味と説得力がある。

先生の心理療法論に豊かなオリジナリティがあることは言を俟たない。そのオリジナリティを背後で支えているのは、もちろんユングの心理学体系である。河合隼雄、吉本千鶴子両先生からユングを学びはじめた織田先生は、その後、C・マイアー、M-L・フォン・フランツ、A・グッゲンビュールといったスイスの分析家、あるいはまたロンドンの分析家のもとで心の不思議を身をもって経験したのだ。一方、こと本書の内容に関するかぎり、先生が大きな影響を受けているのは、米国の分析家、N・シュワルツ-サラントである。シュワルツ-サラントは、ユングの錬金術研究を発展させ、クライエントとセラピストの中間領域に働くヴィジョン（想像）の重要性を指摘した『境界例と創造力』（織田監訳（一九九七）金剛出版）。織田先生の最大の功績は、このシュワルツ-サラントの慧眼が見出した秘密に注目し、独自の知見と合わせて生まれ変わらせ、具体的な技法論として完成させたことにあるといってよい。

「具体的」なのは、何よりも面接場面における想像の位置づけと方法が確定されたことによる。フロイト派で用いる寝椅子の効用をも一部に応用しながら、セラピストがクライエントからは相対的に独立して想像活動を行うようにしたのである。「独立して」ではあるが、先の要約でも述べたように、両者の内的経験には驚くべき一致が見られ、それがクライエントにとって不可欠な助けとなる。この一致現象は、私がおもに研究している領域でいうと、ジョイント・アクティヴ・イマジネーションという技法を用いた面接でもしばしば見られ、やはり重要な治療機序の一つになっている。最も一般的なジョイント・アクティヴ・イマジネーションのやり方は、クライエントとセラピストが面接室内でおのおの別個に、しかし同時にアクティヴ・イマジネーションを行うというものである。つまり、技法としても現象としても「新しい箱庭療法」に近い。

織田先生はアクティヴ・イマジネーションにはあまり言及しない。『心理療法の想像力』（一九九八年、誠信書房）によれば、それは、アクティヴ・イマジネーションのような意識的能動的な想像よりも自然発生的な想像のほうが臨床的な有用度が高い、との考えゆえのことである。たしかに一理あるが、能動的な想像にもやはり捨てがたい側面があって、自我が能動的に想像に関与しようとするほど自然発生してくるイメージは高い治癒力を帯びてくる。また同書には、ユングのアクティヴ・イマジネーションにはクライエント - セラピスト関係という視点が希薄であるという指摘もなされている。が、じつはそこを補強するために、ユングの後継者の一部が「ジョイント」を採用するに至ったのである。

このように見てくると、想像活動がアクティヴな場合でも比較的パッシヴな場合でも、鍵となるのは「ジョイント」の試みであることがわかる。織田先生は独自に後者の道を探求していくなかで、いわば「ジョイント・パッシヴ・イマジネーション」にたどり着いたのだ。思うにこれは、織田先生の想像力を中心とした心理療法論が、ユングやユング派からの受け売りではなく、みずからの血がにじむような内的経験をもとにしたオリジナルな仕事であることの証左なのだろう。先生がユング派全体に、あるいは心理療法の世界に対してなした貢献は、以上のように位置づけるのがふさわしいと私は考えている。

さて、織田先生のオリジナルな業績に箱庭療法の事例というかたちで驚嘆すべき具体性が与えられたのは、ひとえに本書の共著者、大住誠先生のおかげである。生前の織田先生との共同研究も多かった大住先生は、実践派の卓越したセラピストで、ご自身の創意も加味した事例を五つも提供しておられる。いずれも生半可な事例ではない。クライエントの方々と大住先生の真剣かつプレイフルな想像の営みに頭が下がる。私は織田先生が一目も二目も置いて大住先生のことを語っていたのをよく覚えている。本書の持つこれほどの説得力は大住先生の事例に負うところが大きい。申し遅れたが、この序文を書く機会を私にくださったのも大住先生である。私は、織田先生の系譜に連なる者としての自覚を新たにするとともに、先生を失った哀しみをこうして分かち合えることをたいへんありがたく感じた。

私は鳥取大学医学部在職中、織田先生がユング派分析家の資格を得て医局に戻ってこられた一九八四年に、当時の挟間秀文教授に許可と励ましをいただいて教育分析を受けはじめた。それは私自身がユング研究所に留学する一九九二年まで断続的に続いた。八〇年代の織田先生が正面きって想像力を強調されることはあまりなかったが、私がその後、私流のアクティヴ・イマジネーションに自分なりの光を見出したのは、先生が先生流の想像力に光を見出しておられたことと無関係ではないと思う。ここにありし日の先生を偲びつつ、あらためてご冥福を祈りたい。そして、大住先生の尽力で現実のかたちを得た織田先生の遺志である本書が、たくさんの臨床家や一般読者にとって救いの光になれば、と願っている。

はじめに

箱庭療法の創始者ドラ・カルフ女史によると、箱庭療法の原点になったのは『カルフ箱庭療法』だそうである。箱庭療法は言葉を媒介とする一般の心理療法とは、大きく異なった治療法だ。まず、砂の入った、内側を青色のペンキで塗りたてられた箱がある。そしてクライエントはその箱のなかに木や花や石、人や動物、自動車や電車など、さまざまなミニチュアのアイテムを置いていき、自身の心象風景を作るのである。クライエントは両手を使って、箱のなかの砂をかき混ぜ、青色の箱の底を水に見立て、川や湖や海を作ることもできる。こうして人は、治療者との心理的な人間関係に支えられながら一つの世界を創り上げ、その過程でこころの癒しを体験する。カルフは学童期から青年期にいたる子どもや若者たちとの関係性を大切にし、箱庭作りや遊びによって彼らを援助した。その際、彼女が箱庭表現を理解するための手がかりとしたのが、ユング心理学から学んだマンダラ（曼荼羅）象徴を含む象徴論である。カルフの方法には、子どもたちのこころをどこまでも受け入れようとする姿勢など学ぶことが多いが、現代の箱庭療法から見ると面接時間についての心理療法的な枠組みがルーズだったことなど、修正しなければならない点も見られる。

故河合隼雄教授による『箱庭療法入門』が出版された当時、わが国では教育現場における小・中学生の不登校が問題になり始めていて、箱庭療法は、まず教育相談室を中心として受け入れられはじめた。つづいて精神科や小児科、さらには心療内科を中心とする医療現場にも知られるようになっていった。河合教授のこの編著はカルフの著作とはかなり趣を異にしており、その当時の心理臨床や医療の現場に合うように工夫され、ユング派の理論からの影響がだいぶ薄められている。臨床心理学者の河合教授が広い視野から、臨床領域ばかりでなく教育関係者にも理解できるように平易に語っている。

この本は画期的なものだったが，心理療法的な転移–逆転移関係，ユング心理学の理論と箱庭療法との関連性など，書き加えるべき項目も少なくない。そこで私たちは，新たな視点から箱庭療法を捉えなおしたいと考え，本書『現代箱庭療法』を著すことにした。本書はドラ・カルフや河合教授の著書を箱庭療法に関する古典的なものとして，さらにはケイ・ブラドウェイらによる欧米の研究書から多くのことを学びつつも，次にあげるような新しい考察を加えている。

①箱庭療法を基礎づけている分析心理学（ユング心理学）と，箱庭との関連をたどりなおす。
②箱庭療法において，治療者の想像力をどう生かすのか。特に錬金術との関連を，わかりやすく述べる。
③箱庭を心理療法技法として，治療者とクライエントとの心理療法的な関係性について日本の神話などを参考にして解説する。
④箱庭の特性のひとつである，自然発生的な治癒について日本の神話に触れながら述べる。
⑤箱庭における面接時間などの治療的枠組みについて述べ，特に治療者の態度の大切さについても論じる。

全体の構成については，理論編の第1～4章で箱庭療法発展の歴史と理論など全般的な解説を，事例編では，その理論を事例研究を通して確認していくことにする。なお本書全体として，専門書的で論文的な記述を避け，専門家だけでなく一般の読者にも読みやすいよう配慮したつもりである。

二〇〇八年

織田尚生　大住　誠

目次

理論編

織田尚生　著（第1章～第3章）
大住　誠　著（第4章）

第1章 箱庭療法とは何か

箱庭療法との出会い

わたしは一九八四年の冬から春にかけて、チューリッヒ近郊のツォリコンにあった、ドラ・カルフ（一九〇四〜一九九〇）の面接室で彼女から箱庭を用いた面接を継続して受けた。このとき経験した一連の心理面接はわたしにとって、二〇年以上を経過した今でも強く印象に残っている。その当時のわたしは通算四年の留学期間を経て、チューリッヒ・ユング研究所からユング派分析家としての資格を与えられたばかりだった。箱庭療法を通して日本とのつながりの深かったカルフとは、後で述べるようにすでに一九八二年、彼女の自宅での第一回国際箱庭療法学会出席と研究発表をとおして個人的なかかわりがあった。他方でわたしはすでに一九七〇年ごろから、留学前の日本で箱庭療法の世界と接点を持っていた。当時わたしは病院勤務の精神科医をしており、子どものクライエントに箱庭を作ってもらう機会があったのである。

わたしがドラ・カルフに箱庭を用いた面接を受ける機会を得たのは、一九八四年の早春が最初で最後である。わたしはこの一連の面接で二つのことが印象的だった。まずひとつには、彼女の「非侵害的」な面接態度である。カルフはわたしが箱庭を作っているとき、箱から三～四メートルの距離を置いて座り、わたしの箱庭作りを侵害しないように努めているようだった。箱庭を用いた面接の一回目が開始された当初、わたしはカルフがわたしの表情を見ているかどうかが気にかかっていた。しかし彼女のほうに目を向けると、（彼女がどれだけ自身の内界に向き合っていたかはわからないが）彼女はわたしの箱庭表現を見てはいなかった。そのためそれ以降は、わたしは自身の箱庭作りに没頭することができるようになった。カルフの箱庭治療者としての基本的な態度は、一九八四年の段階では、クライエントを侵害しないようにこころを配ることだったようだ。

ふたつめに気づいたのは、彼女のクライエントに対する解釈を含む言語的な働きかけが（箱庭療法の特性からいっても当然とはいえ）きわめて少なかったことである。たとえば、わたしは第一回目の面接が終わるとき、自分の表現に対するコメントをカルフに求めたが、返ってきたのは「数回の面接を経た後で初めて箱庭表現について何か語ることができる」という答えだった。四回の箱庭を用いた面接を経て始めて彼女は、わたしが「本来持っている東洋的なものと、チューリッヒで獲得した西洋的なものとに架橋する作業に、自ら取り組んでいるのではないか」と語ったのである。

世界技法の誕生と箱庭療法

イギリスの女性小児科医で、子どもの心理療法も行ったマーガレット・ローウェンフェルト（一八九〇～一九七三）は一九二九年、砂を入れた箱のなかでさまざまなミニチュアを用いて表現するという点で現在の箱庭療法とほとんど変わらない、「世界技法」（world technique）を創始した。非言語的な治療技法としての箱庭療法の主な源泉は、ローウェンフェルトの世界技法にあるのは間違いない。しかし実はこのローウェンフェルトの世界技法にはさらにその前史がある。ローウェンフェルトは一九一一年に出版された作家H・G・ウェルズの『フロア・ゲーム』という作品から強い影響を受けていたという。この本には、作家のウェルズが、子ども時代の二人の息子と、床にミニチュアを並べて遊んだことが語られており、[1] この小説にヒントを得たローウェンフェルトは一九二五年、さまざまの種類の小さなおもちゃ類やマッチ箱などを集め始めた。そして彼女は小児科医をやめ、情緒障害に苦しむ子どもたちの研究を始めたのである。[2]

その後一九五六年に、ロンドンにあったローウェンフェルトの児童心理学研究所にドラ・カルフが留学してこの世界技法を学び、新たに「箱庭療法」（Sandplay Therapy）として、大きな発展を遂げることになる。ではここで世界技法について、カルフの箱庭療法と関連させながら、少し触れておこう。

ローウェンフェルトの児童心理学研究所では、縦五〇センチメートル、横七五センチメートル、深さ七センチメートルの箱に、その半分の深さに砂を満たしたものを用意し、その箱のなかに情緒障害を持つ子どものこころの世界を表現させることによって、心理的な治癒を促進しようとした。この箱の大きさは、カルフが箱庭療法で用いたものとほぼ同じである。世界技法においてローウェンフェルトは子どもたちが、箱の中にこころの世界を表現するのを見ながら、そでを接するように近くで彼らと対話した。彼女は精神分析にもとづく治療者への子どもの転移や、治療者による解釈投与を排除した。つまり治療者とクライエントの転移・逆転移関係ではなく、子どもたちが砂を入れた箱にミニチュアを置いて遊ぶこと自体に、治療的な意味があると考えたのである。ローウェンフェルトは、子どもは遊ぶことによって、感情や思考や行為に関する、彼らのこころに受け入れられやすいものもそうでないものも、表現することを許されると考えた。[1][3]

子どもたちが箱庭のなかに配置するミニチュアについては、ローウェンフェルトは一度にたくさんのミニチュアが、子どものこころを圧倒してはいけないという理由から、それらを分類していくつもの引き出しに収納するようにした。子どもたちはセッションごとに引き出しを開けて、必要なアイテムを取り出す。ローウェンフェルト自身による、児童心理学研究所における実際の箱庭療法場面を撮った写真からは、その状況がよくわかる(4)。

カルフの箱庭療法では、よく知られているように、オープンになっている棚に、さまざまのアイテムが動物や植物、さらには同じ動物でも、家畜と野生動物というように、分類・整理されて並べられている。実際の面接場面では（クライエントの抱える病理にもよるが）、治療者が自分のミニチュアにふさわしいと感じる程度の数のアイテム数であれば、子どものクライエントでも棚に並べたミニチュアに圧倒されたり、それを侵害的に体験したりすることはないだろう。むしろミニチュアを棚にオープンに並べたほうが、子どものこころの世界や治療者との関係性を表現するのに適していると思われる。

もっと大切なローウェンフェルトとカルフとの相違点は、転移に関する見解である。一九三九年ごろのロンドンでは、ローウェンフェルトらの児童心理学研究所のほかに、メラニー・クラインらによって精神分析の考えにもとづいた子どもの情緒障害に対する治療が行われていた。ローウェンフェルトはメラニー・クラインの考えを次のように批判している。すなわち「クラインらの遊戯療法は精神分析のドグマに支配されており、子どものこころそのものよりも精神分析理論を大切と考えているのではないか」というのである。ローウェンフェルトは世界技法には解釈はいらないと主張した。転移に関しては、子どもの治療者に対する転移が、子どものミニチュアに対する転移の妨げになるとさえ述べている。このことは、彼女が児童心理学研究所で子どものクライエントを治療する際、世界技法の担当者を毎回変更したことからも分かるだろう。ローウェンフェルトは、子どもと治療者とのあいだの転移と逆転移関係のような対他的な関係性よりも、もっぱら対自的な関係性を重視した。当時のローウェンフェルトとクラインの、解釈と転移についての意見の相違については、一九三九年の英国心理学会医学部門での、ローウェンフェルトによる世界技法を用いた事例発表に対するクラインの批判に見ることができる。(5)

これに対して、カルフはローウェンフェルトとは異なり、転移・逆転移という言葉はほとんど使っていないが、その重要性は認識していた。後に検討する「母子一体性」は、一種の転移・逆転移関係をさした言葉である。なおわたしは、対自的な関係性と対他的な関係性とをともに大切と考えている。

ユング心理学と箱庭療法

今となっては、ローウェンフェルトの世界技法は国際的にもわずかしか用いられておらず、箱庭療法に取って代わられた感がある。カルフによる箱庭療法が、わが国をはじめとして、アメリカとカナダ、ヨーロッパではイタリアやスイスやイギリスを中心として、世界各国に広がっている。カルフの箱庭療法では、国際的に認められた箱庭療法士になるためには、相当に厳しいトレーニングシステムを通過しなければならない。一九八二年に第一回が行われて以来の国際箱庭療法学会でも、最近は数百人の参加者を集め、年を経るにつれて参加者を増やしている。なおわたしは、後に述べるように、カルフの自宅で行われた第一回大会で発表を行い、国際学会の発足当初からその会員であった。

ここで歴史をさかのぼって、ドラ・カルフによる箱庭療法創始の歴史について語ることにしよう。(6)スイスに生まれ育ったカルフはオランダ人の銀行家と結婚したが、第二次世界大戦中に夫と別居してスイスに帰り、戦争のあいだは母国で過ごした。大戦後の一九四九年、彼女は二人の息子を連れて夫と離婚することになる。ところでカルフは以前から、分析心理学の創始者カール・ユング（一八七五〜一九六一）の娘を通して彼の知己を得ていた。一九四九年、彼女はユングによって子どもの心理療法に対する才能を認められ、児童の心理治療者を目指して、ユングが創設したチューリッヒ・ユング研究所に入り、ユング派の訓練を受けはじめた。カルフはそれ以来六年のあいだ、ユング研究所に籍を置くことになった。

カルフはユング研究所で、カール・ユングの妻のエンマ・ユングから分析を受け、一九五六年までに所定のトレーニングの課程を修了した。ところがこの年カルフは、彼女が大学教育を終了していないという理由で、チューリッヒ・ユング研究所からは、分析家資格を与えられないことになってしまった。カルフは大いに落胆したものの、その後もユング心理学にもとづいた、子どもに対する心理治療者であり続けた(7)。ドラ・カルフが、箱庭療法を通じてユング心理学の発展に貢献したという理由で、国際分析心理学会（ＩＡＡＰ）の会員資格が与えられ、正式なユング派分析家となったはそれから数十年もたってからのことである。

ユング研究所での修行が終わった一九五六年、カルフはこんどは、ロンドンの小児科医で世界技法の創始者として有名なマーガレット・ローウェンフェルトの児童心理学研究所に一年間留学する。そのきっかけとなったのは、カルフが一九五四年にチューリッヒで聞いたローウェンフェルトの講演だった。彼女はこの講演から大きな感銘を受け、ユングに、ローウェンフェルトから世界技法を学べないだろうかと相談してみた。するとユングも過去にローウェンフェルトの学会発表を聞いたことがあり、カルフが彼女のところで学ぶことに賛成してくれたのだった。

カルフはロンドンから帰国後、ローウェンフェルトとは異なる、ユング心理学にもとづいた箱庭療法を始めることになる。彼女はロンドン滞在中、エンマ・ユングの紹介によって、ユング派の児童分析家マイケル・フォーダムからも子どもに対する心理治療の指導を受けたという(8)。しかしフォーダム自身は、箱庭療法の使用を好まなかったらしい。彼は児童治療における破壊的なものの重要性に気づいており、後にユング派分析家でも箱庭療法家でもあるケイ・ブラドウェイに対して、「わたしは子どもたちが、箱庭のアイテムのなかにではなく、わたし自身のなかに魔女を見つけてほしいから、箱庭を治療に使いたくない」と述べたという[9]。確かにそれまでの箱庭療法は、カルフをはじめとして、クライエントや治療者自身のこころのなかの破壊的なものを、抑圧や否認や分裂（分割）させ、美しいものだけを見ようとする傾向があった。

さていよいよ、一九五七年になると、カルフはチューリッヒ近郊ツォリコンに自宅と面接室とを兼ねた家を構え、ローウェンフェルトとは人間理解の仮説を異にする「箱庭療法」を開始した。

カール・ユングの建築遊び

今日の箱庭療法の発展の功労者を考えたとき、マーガレット・ローウェンフェルトとドラ・カルフのほかに、もう一人の存在を忘れるわけにいかないだろう。その人物とはカルフの後ろ盾として重要な役割を果たした、心理学者でも精神科医でもあるカール・ユングのことである。ユングは精神分析の創始者ジグムント・フロイトと決別した後、分析心理学を創始した。ユングはフロイトとはちがって、個人の心的世界だけでなく、人間に共通に備わっている普遍的で元型的なこころを大切だと考えた。これに対してフロイトは、個人の過去である幼児期体験や親子関係にもとづくエディプス・コンプレックスを重視し、両者は対立することになった。ユングはフロイトと決別したものの、それが原因で一九一二年から一九一三年ごろにかけて人生の方向性を見失い、精神的な危機を迎るのだが、このときユングが行った心的危機に対する取り組みこそが、箱庭療法の源泉の一つといえる。ユングがドラ・カルフの児童治療を支持したこととは別に、彼の心的危機への取り組みはわたしたちに箱庭療法の本質を考えさせてくれる。

精神的な危機にあったユングは、十歳から十一歳のころの自身の遊びを思い出す。彼は積み木で、家や城を作った。またユングは少し後で、自ら自然の石ころを泥でつないで、城や家を作ったことを思い出した。そのような自然発生的な想像活動とともに、当時の情緒的な体験がよみがえってきたのである。ユングはこうした子どものころの遊びが持っている生命力と、今の彼の枯渇したこころとを、どのようにつなぐことができるのかを考えた。彼はそこで、二つの世界を架橋するためには、子どものやるような遊びをせざるを得ないと決心したのである。ユングはチューリッヒ湖畔の砂浜や水のなかから石を集め、これらの石を使って家々や城、さらには教会をも含むひとつの村全体を作った。ユングが苦労して砂のなかから祭壇として使える赤い石を探し出し、丸天井を備えた教会を作ったとき、彼は子どものときに見た「地下のファルスの夢」を思い出した。このような作業が、心的危機にあった彼のこころを基礎づけていったのである。

ユングはこうした遊びを、「建築遊び」と名づけている。彼はその遊びを通して、ぼんやりとしか感じられなかった、内界から浮かび上がってきたファンタジーを捉えることに成功したのだ。彼はまるで儀式を行うように、石を集めて村や小さな町を作っていき、「お前は、いったい何をしているのか」と自問した。この問いにはっきりと答えることはできなかったが、「自分自身の神話を発見しつつある」という確信のようなものは感じることができた。ユングは後に、このようなファンタジーを文章で書きとめるようにしたという。[10] ここで述べたユングによる建築遊びは、箱庭療法の間接的な源泉の一つであるばかりでなく、わたしが本書で論じる「現代箱庭療法」の本質について、示唆を与えるものである。つまりその本質というのは、ひとつは箱庭療法を進めるためには、いかに自然発生的で心理療法的な想像活動が大切であるのか、ということである。もうひとつは、箱庭という方法がこのような心理療法的な想像活動に、実体的な形を与える技法となっているという点である。

治療構造と箱庭の強制力

現代箱庭療法では、想像力と関係性をともに大切と考えている。さまざまな石を積んで家々や教会を含む村を作るというユングの遊び、つまり「建築遊び」は、彼の自宅近くの湖畔の砂浜で行われた。彼は開業心理療法家として働き、昼休みの時間や面接が早く終わった日の午後の時間などを建築遊びに充てた。非常に大きな存在であったフロイトからの決別後の、ユングの内的な不確実感を克服するための自己治癒の試みである。もちろんこのときユングの行った建築遊びは、構造化されたものではない。ユングにとって、目に見える形での、現実の治療者は存在しなかった。しかし彼には「内なる治療者」が存在したと考えられ、そうだからこそ建築遊びは、彼自身のこころの治癒につながったのだろう。実際の箱庭療法では当然のことながら、箱庭療法家が面接室にいなければ治療が始められない。

これまでの箱庭療法では、時間や料金や場所などの治療構造の重要性については、十分には論じられてこなかった。カルフの箱庭療法の事例研究からは、面接時間や場所についての枠組みが明確でないことがわかる[11]。だが心理療法一般についてばかりでなく箱庭療法にとっても、治療構造を明確にすることは必須のことといえる。

箱庭療法の想像活動はクライエントにこころを開かせる作業であり、それに取り組むことはときに危険性を伴う。統合失調症者をはじめとして、さまざまなパーソナリティ障害者の場合にも、そして病理の有無にかかわらず、すべてのクライエントにとって、治療者の非侵害的な態度とともに、治療構造を大切にすることが不可欠の要素になる。つまり面接の枠組みを守ることは、箱庭療法の必須の前提なのである。たとえば子どもに対する箱庭療法の場合でも、治療者は「抱きしめる」などの、クライエントとの身体接触を避けることが必要であり、内的体験を抱え続けなければならないだろう。治療者はクライエントのこころを侵害しないように、絶えず自分を振り返る必要がある。そして治療者は、クライエントとのなれあいを防ぎ、距離をとるためのある種の心理的な「切断」を行わなければならない（これについては第2章で取り上げる）。

わたしたちのこころの傷つきは、自我が精神内界とかかわりを持つ、つまり自然発生的な想像力の世界と向き合うことによって治癒が生じる。しかし想像力の世界は、建設的で治癒促進的な内容のみで満たされているわけではない。自身に対してもクライエントに対しても、建設的なものばかりでなく、破壊的で退行促進的な内界とも向き合わなければ、わたしたちは箱庭療法を進めることができない。クライエントのこころを全体として理解することによってはじめて、心理的援助が可能になる。箱庭療法の場面で建設的なものばかりでなく破壊的なものを取り扱うためには、わたしたちは無意識からの侵襲に対処しなければならない。このとき治療者とクライエントのあいだの、心理的な関係性が、侵襲に対する支えとなる。

カルフの箱庭療法では、縦五七センチメートル、横七二センチメートル、深さ七センチメートルの長方形の箱の内面を青く塗り、その半分ほどを砂で満たす。青く塗るのは水・海・空などを表現するためであり、砂は大地・山・川・海などを作るためである。箱の大きさはクライエントが姿勢を変えずに、箱庭全体を見渡すことができるように作られている。また箱が置かれる高さはローウェンフェルト以来、クライエントが立ったときの腰のあたりとされている。家や木や人や動物など、さまざまなミニチュアがたいてい種類別に箱庭療法室の棚に置かれていて、クライエントは自由にそれらを手にとり、砂の入った箱のなかに置き、こころの自由を表現することができる。

カルフは箱について、このような一定の大きさの箱は、「クライエントの空想を制限し、その守りにつながる」と述べている[12]。これは彼女の提唱する「自由にして保護された空間」を基礎づけるものともいえるだろう。だがしかし、この「箱」という空間的な制限は保護の機能だけでなく、クライエントにそのこころの世界を無理に開かせ、強制的に表現させるという意味合いも含んでいる。だからこそわたしたちは、箱庭療法の持っている侵害的な影響について絶えずこころに留めておかなければならない。またカルフの場合は、乾いた砂の箱と湿らせた砂の箱とを両方用意するべきとされているが、箱庭を置くスペースの関係もあり、これは絶対的な決まりではないだろう。

自己治癒、象徴解釈、そして関係性

わたしたち治療者はたいていクライエントの箱庭表現の内容を、直接的に解釈して当人に伝えるようなことはしない。だから箱庭に解釈はいらないといわれるし、作る（置く）だけでクライエントはよくなるといわれる。これらはある意味では正しいが、別の意味では正しくない。その理由を見ていこう。

まず箱庭療法では、前述のカール・ユングの建築遊びで見たように、わたしたちの自然発生的なイメージを箱庭表現として実体化することが大切である。治療者とクライエントが箱庭に、心理療法的な関係性のなかで、切実に関与するならば、それだけでもクライエントのこころの治癒、つまりわたしたちのこころに本来備わっている、自然治癒力による治癒が促進されるのである。

自己治癒の二つの要素

ここで、自己治癒を促進する二つの要因について触れておこう。ひとつめは治療者がこころのなかで行う解釈、すなわち象徴解釈（interpritation）である（この象徴解釈は、治療者からクライエントに伝えられることはない）。箱庭表現は制作者の深いこころの表現であればあるほど、クライエントの無意識の要素が多く含まれており、それを治療者が理解するためには象徴解釈が求められる。だが同時に、わたしたちは常に象徴解釈がクライエント理解の手段であり、目的ではないということを意識しておくべきである。もし治療者が箱庭表現の過剰な解釈を始めたら、解釈はクライエントの理解からどんどんずれていってしまうだろう。

自己治癒を促進するためのもうひとつの要因は、治療者は箱庭療法家であると同時に心理療法家でもなければならないということである。箱庭療法は解釈投与を行わないことから、非言語的な治療技法とされているが、箱庭療法家は言葉を用いた心理療法を行う能力を持っている必要がある。言語的な能力、心理療法家としての能力を持って初めて、箱庭療法家になる基礎資格を備えているといえるだろう。箱庭療法家はクライエントの箱庭で表現された精神内界と、治療者のこころの世界、さらには面接場面で生じている両者の関係性との対応関係を捉える。これによってクライエントに対して解釈投与ができることになるが、通常はあえてそれをしない。ただし治療が次の段階に進展した後に、以前の段階を振り返って解釈を伝えることがある。これを後解釈（post-interpretation）と呼ぶ。

また、クライエントに対して直接的な形で解釈投与せずとも、クライエントのこころを理解しているということを伝える必要はある（「箱庭にガソリンスタンドが置かれているから、こころにエネルギーが沸いてくるでしょう」というような、直接的な象徴解釈は伝えるべきではない）。

このように、箱庭表現を理解するためにはそれが無意識的な内容を含んでいるので、治療者は象徴解釈をおこなう能力を持たなければならない。箱庭療法家は各自の人間理解、つまり人間観にもとづいて、クライエントを理解する。治療者は前述のとおり、クライエントに直接的に伝えることには慎重でなければならないが、治療者の内界を通して解釈することによってメッセージを読み取る必要もある。このような象徴解釈の力を身につけるためには、ユング派の教育分析を受けることがおそらく信頼できる方法であろう。

これまで述べてきたように、箱庭療法家は心理療法的な治療構造を大切にしなければならない。わたしたちのこころは、こころの内界、つまり想像力の世界に表現の場を与えるだけでは、心理療法的な自己治癒の力を、十分発揮させることができない。そこに心理療法的な枠組みのなかで、心理療法的な関係性が働いて初めて治癒を確かなものにできるだろう。

箱庭表現は無意識的なものを含む自己表現であるので、同じくこころの内界の、誰のこころにも備わった表現である、夢体験とも密接に関係している。箱庭と夢の体験とを比較すると、わたしたちのこころを表現する手段として、ともに必要だということができるだろう。両者はどちらが深くてどちらが浅いということもできず、同一のクライエントが夢と箱庭という両方の表現手段を持つとき、それらが補い合って、その人のこころ全体を表わす。

箱庭表現の落とし穴

すでに触れたが、クライエントが箱庭を作ることは侵襲的な影響を及ぼすことがある。夢分析と比較した場合、箱庭のほうはしばしば主体的な体験を伴うため、夢分析よりもさらに侵襲的といえるだろう。こどもが箱庭表現を試みる場合には、たいていはそれを作ることができる。しかし大人の場合には、こころを開くことに抵抗があるときに箱庭を作るのは、夢を語るよりもさらに難しい。夢については、その内容を意識的で意図的に決定することができないが、箱庭ならそれが可能なのだ。したがって箱庭表現が、クライエントの心的現実を隠すための手段になることがある。

ドラ・カルフの人間観

箱庭療法を学ぼうとする者は、自分がよって立つ人間観や世界観を自覚する必要がある。そして自身が習得した心理療法各派の人間理解の仮説が、そのままわたしたちの箱庭療法の基本仮説になる可能性が高い。本書で語ろうとしている現代箱庭療法は、ドラ・カルフの箱庭療法にその基礎を置いているため、ここでドラ・カルフの、人間理解について検討しておこう。

前述したように、箱庭療法の創始者ドラ・カルフは、エンマ・ユングによって教育分析を受け、六年間ユング研究所で学んだため、その世界観にはユング派の人間理解の仮説が息づいている。

クライエントが行う箱庭表現のなかにはしばしば、こころの全体性を表現していると考えられるものがある。人間のこころが、内部に対極的なものを含む、全体的な存在であるという発想は、カール・ユングの考えであると同時に、彼自身や妻のエンマ・ユングから学んだカルフの人間観でもあった。人のこころは意識と無意識からなり、自我と自己（セルフ）によって構成されている。自我は意識の中心であり、セルフはこころ全体でもあり、その中心をも表わす。人のこころが全体的な存在であるということは、箱庭表現ではしばしば経験的に、マンダラ（曼荼羅）によって象徴的に表現される。マンダラは仏教の密教において、悟りの境地や宇宙の真理を、図象的に表現したものであるが、箱庭療法ではクライエントが、しばしば円と四角の構造を組み合わせ、ミニチュアや砂を使って箱庭上にマンダラを表現する。

典型的な例をみてみよう。まず箱の中心に円形のものが構成され、同時に箱の四隅にミニチュアが置かれる。当初、箱庭におけるマンダラ表現は、クライエントのこころの完全な到達点、つまり完成され癒された状態を表わしていると考えられていた。たしかにマンダラは臨床的に、こころの全体性を表現していると考えられる。しかしマンダラは、何らかの危機に対して、こころが全体として対処しなければならない状態にある、ということをも表現している。たとえば統合失調症者のように、こころが非常に傷つきやすいクライエントに対しては、治療者はとりわけマンダラをこころの危機の表現として理解しなければならない。箱庭作りはこころを開かせる働きをするので、こころを解放させることによってクライエントを侵害しないように、最大限の配慮をしなければならない。統合失調症者が回復期に太陽描画を描き続けることがあるが、これも一種のマンダラであり、全体性の表現だと考えられる。しかし全体性を表現することによっても危機を乗り越えられない場合があり、そのような場合には、マンダラが人格崩壊の象徴となる場合がある。[13] 大切なことは、マンダラに過剰な価値を与えないことである。たしかに内的世界の出発点が混沌であるとすれば、マンダラは一種の到達点といえるだろう。しかし混沌からマンダラへの進行は、一回限りの過程ではない。こころの危機においては容易に、マンダラは混沌へと超越的に退行する。このように人のこころは、退行や進行を繰り返しながら、治癒が生じることもあれば、また時には傷つきが深くなることもある。

こころの全体性という視点からいえば、箱庭表現上の破壊的なシーンは、必ずしも反治癒的なものではない。こころが全体的なものであるからこそ、わたしたちが自分らしく生きるためには、建設的な動きばかりでなく破壊的なものも必要だと考えられる。たとえば子どもの問題に対して箱庭を用いた援助が行われる場合、箱庭療法での治療初期にはさまざまのミニチュアを用いてしばしば宇宙の破壊が行われ、混沌の世界が表現される。そのような破壊の世界を経過して初めてこころの世界の再構築が行われ、その過程が同時進行的に箱庭に表現される。

箱庭治療者とクライエントとの関係性

ドラ・カルフによる箱庭療法の理論は、ユング派の分析家であったエーリッヒ・ノイマンから影響を受けている。カルフはノイマンの仮説に従って、子どもは生後一年のあいだ、母親の自己（セルフ）に包まれて、母子一体の状態で発達すると考えた。[14] このような発想は仮説にもとづくものであり、実証的な発達論とは異なるが、心理的な発達仮説としては意味があるだろう。しかしカルフが注目したのは発達論的な部分ではなく、母子一体状態を基礎として治療者クライエント関係を捉えるという点だった。カルフは、治療者と子どもとのあいだに発達早期の母子一体の関係性を作り出し、それが子どもに対して治癒促進的な影響を与えると考えたのである。[15] つまり、治療者が子どもとのあいだに未分化な一体感を体験することが、子どものこころの治癒を促進するというのである。この母子一体性という考えは、カール・ユングの発想における、転移関係を基礎づけるものとしての、血族関係リビドー〈キンシップ・リビドー〈kinship libido〉〉に相当する。[16]

つぎに、心理療法的な関係性という視点から母子一体性について考えてみよう。ドラ・カルフという一人のパイオニアについて考えるとき、彼女が唱える母子一体性という考えは理解できるし、治療者にとって必要な情緒的体験でもある。カルフが子どもたちのこころを理解することのできる豊かな感性を備えた一人の母親であったからこそ、箱庭療法における転移・逆転移関係に対して母子一体性という言葉を、肯定的な意味で用いることができたのだろう。カルフにとって、箱庭療法的な関係性は基本的に肯定的で愛着を伴うものだった。

しかし、転移も逆転移も本来肯定的な情緒だけでなく、否定的で破壊的なこころの動きも含まれているはずである。ドラ・カルフの協力者の一人であって、箱庭療法の発展に尽くしたケイ・ブラドウェイによると、箱庭治療者とクライエントの心理的な相互関係は、クライエントの転移を受けて治療者の逆転移が生じるというような段階的なものではなく、両者の情緒の動きは同時的なものであるという。そして箱庭治療者とクライエントとのあいだの、肯定的な情緒や関係性ばかりでなく、否定的なものもこころの治癒を促進する。ブラドウェイは箱庭療法における転移・逆転移関係について、治療者とクライエントとの同時的な関係性という意味で、転移と逆転移という用語の代わりに、共転移（co-transference）という言葉を使っている[17]。

筆者らは、次のように考えている。つまり箱庭療法における治療者とクライエントとの関係性は、必ずしも原因と結果によって構成される因果論的なものではなく、両者のこころに同時的に布置（constellation：七九ページ参照）する、共通の心理を把握することが大切である。その場合ともすれば、治療者とクライエントのこころに共通に布置している情緒に関心が向けられやすい。しかし、両者に共通のこころが布置されるだけでは、癒されない。治療者とクライエントとのこころの「ずれ」にも注目しなければならないのである。治療者はクライエントとのこころのずれを、絶えず自覚することによって治療過程を促進することができる。

血族関係リビドーと切断

箱庭療法における治療者とクライエントとの関係性は、どうあるべきだろうか。筆者らの考えを述べることにしよう。カール・ユングが指摘したように、わたしたち治療者とクライエントとの関係性、つまり転移・逆転移関係は、血族関係リビドーによって規定されている。心理療法面接を繰り返していると、クライエントも治療者も、相手に対して相互に、自分の肉親に感じるのと同じような愛着を感じるようになる、というのである。カール・ユングはこの血族関係リビドーが、転移関係の核心をなす情緒だと考えている。しかしユングは、血族関係リビドーの肯定的な愛着の側面にのみ触れ、破壊的な面は考慮していない[16]。

箱庭治療者とクライエントの心理的な関係性については、愛着を含む肯定的なこころの動きももちろん大切である。しかしクライエントの傷つきが真に癒されるためには、治療者が肯定的な情緒だけでなく、自身とクライエントの、破壊的な心理にも向き合う必要がある。これまで他者に対して自分を守ることができなかったクライエントが、限界を超えて傷つくことから自分を守ることができるようになる必要がある。そのためには、治療者自身の精神内界の破壊的な心理を受け入れられなければならない。基本的には建設的な情緒であると考えられている、血族関係リビドーの一面性を補うものは、治療者とクライエントとのあいだの、怒りや憎しみなど破壊的な情緒である。このような破壊的な情緒を代表するものとして、「切断」あるいは「身体切断」のイメージについて触れておきたい。

ある女性クライエントが、箱庭療法を通して、こころのなかの母-娘関係に取り組んでいた。彼女のこころには、「冷たくて、娘のこころをわかろうとしない母」と、「母から見捨てられた、かわいそうな娘」が住んでいた。クライエント自身は自分のことを、「かわいそうな娘」と考えていた。クライエントが娘を産んで母親になったとき、自分のこころのなかの、今はない母親との関係に取り組まなければならなかった。クライエントが「破壊的な母親に怒りを向ける」という、課題への取り組みを進めていたとき、彼女は「わたしと夫が航海し、未開人の住む島に上陸した。石造りで、とがった鹿の角で守られた、城に泊めてもらう」という箱庭を作った。クライエントはこの面接で、自身のこころの未開の感情に触れられるようになった、と語っている。治療者はこのとき、クライエントがこの箱庭を作りつつあるのを見ることなく、箱庭療法的な瞑想をしていたが、その瞑想のなかで「ある理不尽な振る舞いをする人に対して、強い怒りを感じ、その人に対して身体切断を行う」というイメージが自然発生的に生じていた。治療者のこころのなかの（第三者に対する）「身体切断」のイメージを伴う怒りは、クライエントのこころのなかの怒りを含む、原初的なこころの体験を、間接的に促進したと考えられる。(18)

国際箱庭療法学会の最近の動向として、箱庭療法における心理療法的な関係性は、最も重要な課題のひとつになっている。これまでの箱庭療法を支える関係性としては、その根底にドラ・カルフによる母子一体性があった。すでに論じたように、それはもっぱら母と子どものあいだの肯定的で、愛着に支配された相互関係である。しかし最近になってようやく、箱庭療法の転移・逆転移関係は、破壊的なものも含んだ、原初的な心理に支配されていることが認められるようになってきた。箱庭療法家でユング派の分析家でもあるマリア・チアイアは、国際的な箱庭療法研究の学術雑誌で、わたしの論文の一節を、次のように引用している。[19]「治療者がクライエントとの関係性において、肯定的な情緒と破壊的な情緒をともに、自ら抱えることができるようになって初めて、クライエントは自身の感情や傷つきに向き合い、そして抱えることができる」[20]。さらにわたしは同じ論文のなかで破壊的な心理を想像力と結びつけ、「治療者が自身の攻撃性と、そして自分が傷ついていることを、想像力のなかで心的に体験するとき、クライエントは傷つきと攻撃性を抱えることができるようになるだろう」[21]と述べた。なおここで触れた、治療者が愛着などの肯定的なこころばかりでなく、怒りや攻撃性などの破壊的な情緒を、瞑想、つまりは想像力のなかで体験することの意義については、第3章でも触れることにしよう。

自由にして保護された空間、そして箱庭療法的な容器

ドラ・カルフは箱庭療法における治療者−クライエント関係を、母子一体性という概念でとらえた。他方彼女は、治療過程については「自由にして保護された空間」にクライエントが収容されたときに癒されると考えた。この着想は今もなおその輝きを失っていない。さらには彼女は、カール・ユングの考えに従って、わたしたちの自我を含むこころ全体を基礎づけている、自己（セルフ）が顕在化するときに自我が発達し、こころの傷つきは癒される、と考えている。治療者がクライエントである子どもたちを全面的に受け入れるこ

とによって、転移を通して「自由にして保護された空間」が生じ、セルフが顕現して自我との関係が安定するという。治療者がクライエントを全面的に受け入れることによって、そうした空間を作り出さなければならないと考えられている。さらには「自由にして、保護された空間」のなかでこそ、クライエントは、先に述べた「母子一体性」を体験できるだろう。[22] ドラ・カルフのこのような発想は、数多くの情緒障害の子どもたちとの臨床経験から得られたものである。ドラ・カルフは箱庭を用いた援助を行うとき、情緒障害の子どもたちに対して、このような「自由にして、保護された空間」を作り出そうとして、ときには以下のような体当たりの治療を行った。

ギムナジウムに在学しているキムという十二歳の少年は、人との情緒的な交流も学習への集中も困難であり、適応障害と思われた。カルフは自宅兼面接室で箱庭を用いて、この少年を治療した。かれは二歳のときに母を失い、父親と弟との三人家族であったが、父にこころを開くのが困難であった。父親とともにドラ・カルフを訪ねたキムは、服装や髪型など、とてもきちんとした子どもだった。彼は二回目と三回目の面接において、箱庭を作った。そのうち、第二回には箱庭として、バリケードと飛行機が墜落したところを作った。第三回の箱庭では防衛的なバリケードは小さくなり、飛行機が滑走路から飛び立てるようになっていた。

しかしキムは第四回目の面接では箱庭を作ろうとせず、攻撃性を主題とする遊びを行った。彼は最初にダーツを的に投げていたが、それに飽き足らず、カルフの家のペンキを塗りたての壁にダーツを何度も何度も投げつけ、そのために壁が傷ついて木の破片が落ち始めた。しかしカルフが怒らず、これを彼に自由にさせていると、キムの表情が明るくなった。しかし彼の遊びはダーツで終わらず、今度は空気銃を見つけ、的に向けて撃った。彼はこれではなお満足せず、銃で何かをガチャガチャと壊す遊びがしたいといった。そこでドラは思いついて、キムを（地下の）ワイン貯蔵庫に連れて行き、ワインの空き瓶に向けて銃を撃たせることにした。彼はこれをとてもよろこんで、何時間も撃ち続けたが、とうとう空のビンはなくなってしまったという。[23]

ここでは、子どもの情緒的な問題に対する天才的な治療者だったドラ・カルフの、箱庭療法事例の断片を取り上げた。彼女がキム少年に対して「自由にして、保護された空間」を提供しようとして、場所や時間に関する枠組みを超越して援助する様子を知ることができる。カルフとの関係性によって守られた空間で、キムが怒りを含む情緒的な体験を充分にやりぬくことが、治癒を促進することであったろう。幸いにしてカルフは、後にわかるように、キムの箱庭療法に成功する。しかし現代の箱庭療法では、治療の場所と時間、枠組みをもっとしっかりと守らなければならないだろう。なぜなら、「自由にして、保護された空間」は、わたしの考えでは治療者がそれをクライエントに与えるという類のものではないからである。これをわたしは「箱庭療法的容器」と呼んでいるが、それは治療者のこころに自然発生的に生じ、クライエントのこころにも布置するものである。そして同時に「箱庭療法的容器」は、治療者とクライエントのあいだに体験されるものである。箱庭療法的容器については、以下の章で改めて取り上げよう。

中心化という力動

ドラ・カルフにとっては、カール・ユングの分析心理学にしたがって、自己（セルフ）の象徴がこころに布置すること、つまりセルフの象徴とされるマンダラの箱庭が生じることは、クライエントの癒しを促進することであった。これをドラ・カルフは、中心化と呼んでいる。ドラ・カルフの中心化の発想は、直接的にはユング派の理論家エーリッヒ・ノイマンの中心化の考えに影響を受けている。ノイマンによれば、こころの全体性、（こころが全体として、意識の中心としての自我と、こころ全体を基礎づけるもと、こころ全体の中心としてのセルフとして統合されること）は、人のこころに内在する中心化という働きによるというのである。[24]

先に取り上げたキム少年は、第四回の面接においてカルフの許可を得て、ミニチュアの家の、小さな木製のテーブルの真ん中を空気銃で撃つ。彼女は四角いテーブルが、その中心に円を想定することによって、一種のマンダラになり、こころの全体性を象徴すると考えた。キムは空気銃によって、象徴的に自己（セルフ）を意味する、小さな四角のテーブルの中心を撃とうとした。彼のこうした振る舞いのなかにカルフは、自我がセルフとのかかわりを回復する動きを見たのである。つまりドラはキムのこころに、自我がセルフとの関係を修復する力動である、「中心化」が生じていると直感した。さらにこの後キムは、さらなる攻撃性の表現をする。つまり箱庭のミニチュアのなかから、男性を一体とって、それを的にして何度も空気銃で撃って、粉々に砕く。カルフはこの男性像を、こころの外面的な側面にエネルギーを注ぐという意味で、ペルソナを象徴すると解釈した。彼女によれば、キムは仮面としてのペルソナを粉砕することによって、内界の情緒的なこころの動きとのつながりを回復したのである。カルフは一方では、キムが生きた人間を銃で撃ってしまうのではないか、と不安であったという。しかしこの回の面接が転回点になって、キムは外面的でこころの関係を欠いた生き方でなく、攻撃性をも含む情緒的な体験を生きることができるようになる。このことは治療促進的に働き、彼は父親にこころを開き、その後学校によく適応し、学習面でも能力を発揮するようになる。[11]

中心化の危険性、そして関係性による守り

箱庭表現には、確かに中心と箱の四隅に、それぞれ何かのアイテムを配置する表現がしばしば見られる。このようないわゆるマンダラ構造を、中心化の動きとして理解することはできる。しかしわたしたちのこころが、中心化のみによって癒されるわけではない。中心化はこころが全体性を回復しようとするときの動きであり、その力動はそれだけで完結するものではないのだ。こころの危機や成長に伴って、絶えず繰り返し生じるものである。箱庭治療者とクライエントとの心理的な関係性こそ、わたしは中心化に劣らず大切だと考える。カルフによるキムの事例でも、彼が空気銃で生きた人間を撃つのではないかという、彼女が抱いた不安にも、二人の関係性が表現されている。このような治療者とクライエントとの心理的な関係性に支えられて、キムはこころの危機を克服していったと考えられる。おそらくカルフの抱いた切実な不安が、彼の癒しの過程を支えたのだろう。

ここでわたしが体験した、ある箱庭療法事例の断片に触れておきたい。ある女性が箱庭療法を通して、母-娘関係の課題に取り組んだ、二年六カ月の箱庭療法である。その面接終結に近い段階の、箱庭表現に触れておこう。クライエントは砂を手で動かして箱の中心の部分に小高い丘を作り、丘の頂上にクライエント自身を表わすと考えられる、両腕を前に差し出している女性の姿を置いた。箱の四隅には、それぞれ異なるアイテムが置かれた。左上隅には皿状の容器でできた明るい太陽像、左下隅には素焼きの女神像、右下隅には金属製の黒い太陽像、そして右上隅には木の根を彫った仏陀像が配置された[25]。この箱庭表現では、太陽像と黒い太陽像が対角線上に、女神像と仏陀像とも対角線上に配置されている。

このクライエントの場合には、マンダラを表現することを通して内的な中心につながる体験、すなわち中

心化が表現されている。これが箱庭療法の転回点になり、内的および外的な母-娘関係を克服することにつながった。しかし中心化にはクライエントのこころを開かせるという側面があり、それはクライエントを無防備にすることでもある。この事例では、治療者とクライエントとの相互の信頼関係が、こころを開くことに伴う危険性を防止した。箱庭療法の治療者は、この危険性について十分知っておかなければならない。こころは開かれないと治療は進まないが、開かれたこころは外部から、あるいは自らの無意識からの侵害も受けやすくなる。治療者がクライエントの守りについて、十分配慮しなければならない。つまり、治療者とクライエントとの、心理的な関係性を通して、クライエントが守られなければならない。これによって、中心化やマンダラ体験の持つ危険性を防ぐことが可能となるだろう。

箱庭表現と治療者の関与

箱庭療法における治療者の役割はとても大きいといえる。クライエントが自ら箱庭表現をしてくれて、治療者は何もしなのに、クライエントが自分だけの力で治っていってくれるということはありえない。治療者は箱庭を用いる面接において、行動にこそ表わさないが、治療者としてこころを働かせることはどうしても必要である。ではクライエントが箱庭を作っているとき、治療者は何をしていればいいのであろうか。文献の引用にも触れながら、少し具体的に考えてみよう。すでに本章の冒頭の部分に、著者自身のドラ・カルフとの箱庭体験について触れている。

一九八四年当時ドラ・カルフは、箱庭療法家として晩年であったが、彼女の面接室で箱庭を作っているわたしとのあいだに、三メートル以上の距離を置いていた。彼女はわたしが箱庭の世界に入り、そしてその世界で作業を行うのを、侵害しないように配慮していたと思われる。しかし彼女は、箱庭の表現過程よりも表現（作品）そのものを重要視する傾向があった。ここでクライエントが箱庭を作っているときの治療者の立つ（座る）位置や態度の違いについて、マーガレット・ローウェンフェルトとドラ・カルフの比較がなされたものを、文献から引用しておこう。

（略）……ドラ・カルフは箱庭表現（作品）そのものが持つ、非常な重要性を強調した。その表現には、用いられたミニチュア群の配置や象徴表現が含まれている。それとは対照的に、マーガレット・ローウェンフェルトは、（世界技法の）世界を作り上げていく、クライエントの体験そのものに綿密な関心を向けた。そして、クライエントである子どもが作品を作っているあいだに、治療者に対して彼らが何をどのように語るのか、ということに力点が置かれた。マーガレット・ローウェンフェルトは砂箱について、それが言語的かつ非言語的なコミュニケーションの手段であると考えたので、彼女は（箱庭を作っている）子どものすぐそばに座り、（子どもが作っているあいだ）、子どもの言葉や行動に言葉で応えようとした。ドラ・カルフは他方で、クライエントからもっと離れて座り、箱庭が作られているあいだ、ずっと沈黙を守っていた。これは外的な邪魔が入らない静かな空間において、（クライエントの）無意識が開かれることを許容するためであった。[26]

ここにはクライエントの箱庭表現が行われているとき、マーガレット・ローウェンフェルトと晩年のドラ・カルフの取る、治療者としての態度やクライエントとのあいだの距離感の違いが検討されている。ローウェンフェルトが子どもに対して世界技法を用いて面接を行っているときの写真があるが、そこからはここに引用されている通り、治療者とクライエントは箱庭のそばにそでを接して座っており、物理的な距離の近さを感じさせる。[4] カルフとローウェンフェルトとの二人に心理療法家としての相違があるとすれば、ローウェンフェルトが、治療者とクライエントの自我に近いレベルのコミュニケーションを重視したのに対して、カルフがクライエントのこころの深層における象徴的な表現を重視し、深層を介した布置を通したコミュニケーションを目指したということである。カルフはローウェンフェルトよりも、クライエントに対して非侵害的であり、この点でより心理療法志向的であるといえるだろう。筆者たちはクライエントの箱庭表現に伴う傷つきに、ドラ・カルフよりもさらに注意し、制作中は箱庭表現を見ないようにしている。そして何より、治療者とクライエントとのこころの関係性を重視するのである。

河合隼雄、そして土と自然に近い文化

わが国やその文化と、箱庭療法との関連について考えてみよう。創始者のドラ・カルフは東洋の文化、とりわけわが国に関心があり、仏教学者の鈴木大拙とも交流があった。彼女は箱庭療法に関する講演や、国際箱庭療法学会出席を含めてたびたび訪日している。そして箱庭療法のわが国における発展を考えるとき、臨床心理学者河合隼雄の存在を忘れてはならないだろう。河合隼雄はわが国のためばかりでなく、ドラ・カルフの協力者として、国際的な箱庭療法運動の中心的なメンバーの一人だった。

河合隼雄はチューリッヒ・ユング研究所で分析家になるためのトレーニングを受けていた当時、チューリッヒ近郊のツォリコンに住む、ドラ・カルフに出会う。河合はドラ・カルフのところでサンドプレイ（Sandplay Therapy）を体験し、一九六五年にユング派分析家資格を取得して帰国するとき、サンドプレイという新しい文化を携えていた。帰国後は、河合自身とその指導を受けた臨床家たちが、天理大学の心理相談室や、京都市カウンセリングセンターを中心としてサンドプレイを実践し、急速にわが国の教育臨床や医療の領域に広がっていった。そして「Sandplay Therapy」は、誰ともなく箱庭療法と呼ばれるようになったという。(27)「Sandplay Therapy」は、わが国の盆景や「箱庭」という文化や伝統という背景があって初めて、箱庭療

法と名づけられたと考えられる。ドラ・カルフがロンドンでローウェンフェルトの世界技法を学んでスイスに帰国したのが一九五七年なので、一九六五年はカルフが世界技法にユング心理学の考えを加えて、箱庭療法を作り上げつつあった時期にあたる。したがって河合隼雄によるわが国へのカルフ箱庭療法の導入は、箱庭療法発展の歴史から言えばその誕生後まもなくであったといえるだろう。

ここで「箱庭」療法の、文化的背景を検討しておこう。箱庭療法とわが国の伝統的な文化との親和性については、奥平ナオミによる論文を参考にしながら、わたしの考えを述べる[28]。わが国の文化は、確かに箱庭療法に親和的であると思われる。ヨーロッパにも北米にも、わが国のように二千人近くの多数の学会員を擁する箱庭療法に関する学術団体は存在しない。箱庭療法を受け入れやすい日本の文化的基盤があって、わが国の臨床家が箱庭療法の世界を受け入れやすくなっているのだろう。では「Sandplay Therapy」を受け入れやすい、わが国の文化的傾向とは何であろうか。そのひとつは、自然な日本庭園の縮小版であった。それらは室町時代以来の、水盤のなかに土を入れ、山や川や海を作った盆景であり、また浅い箱のなかに土や砂を入れ、木や草を植え、庭園に模した箱庭もあった。これらはいずれも「土」に親和的な世界や文化の表現であり、庭園のミニチュア版である。もうひとつは「箱庭遊び」の伝統である。箱庭遊びは大正時代から昭和の初期にかけて盛んであり、土や砂を入れた箱のなかに、家や橋などの建造物、犬などの動物、そして時には人間を表わす、陶製のミニチュアを置く遊びであり、主として子どもたちが行った。このように見てくると箱庭療法はわが国では、自然や土と身近な文化的伝統と、「ミニチュア遊び」という要素の両方によって成立している。以上のようなわが国の風土も、「Sandplay Therapy」がわが国のこころの臨床の世界に広く定着した理由であったと考えられる。

河合隼雄は一九六九年、箱庭療法の理論とさまざまの治療事例を集めた著書『箱庭療法入門』を出版した。[29]本書はただ単に、箱庭療法の入門書であるにとどまらない。こころの臨床という広い視野から、心理療法技法としての箱庭療法について、河合自らの臨床経験を踏まえて論じている。出版後半世紀近くなるが、今日なお箱庭療法を行う人たちの必読書となっている。さらに彼は日本箱庭療法学会の創設など、わが国における箱庭療法の発展に中心的な役割を果たしてきた。また精神科医の山中康裕も、ドラ・カルフの著書の翻訳などを通して、箱庭療法の普及に役立つ活動を行った。[30]その他に、国際箱庭療法学会発足当初から会員として活動した樋口和彦、岡田康伸、織田尚生は、河合および山中とともに一九八七年に日本箱庭療法学会の発足に際してその発起人となった。

国際的な箱庭療法研究の歴史とその発展についても、河合隼雄との関連を述べておく必要があるだろう。河合隼雄はドラ・カルフの協力者であり、箱庭療法研究の領域でも、絶えず指導的な役割を果たした。そのひとつを取り上げると、箱庭療法では、心理療法で普通に認められるような「強い」転移ばかりでなく、「深い」転移が生じることの、治療的な意義を論じている。[31]カルフによってヨーロッパで生まれた箱庭療法が西洋と東洋、特に日本との相互交流のなかから発展する上で、河合隼雄は大きな貢献をした。一九八二年九月、ツォリコン（スイス）のカルフの自宅において第一回国際箱庭療法学会が開かれた。アメリカ、イギリス、イタリア、スイス、それに日本から河合隼雄を含むあわせて一一人の箱庭療法の臨床家が集まったのである。そのときからすでに河合隼雄は、カルフと並んで箱庭療法の研究で指導的な役割を果たしており、後にカルフに続いて国際学会の会長を務めることになる。このときチューリッヒ・ユング研究所に留学中であったわたしは、この一一人のメンバーの一人として学会に参加し、箱庭療法の事例発表も行っている。

箱庭が持つ侵害性と対応関係

箱庭療法におけるクライエント自身の内界との対話――対自的な関係性の視点と、クライエントと治療者との関係性――対他的な視点とはともに重要である。しかしとりわけ大切なのは、その侵害的な側面について考えることだろう。

箱庭療法という心理療法技法は、その表現を行う者に対して、知らず知らずのうちにこころを開かせるという側面がある。このような理由で、臨床心理学を学ぶ大学院学生たちに対して、こころを開くトレーニングとして、箱庭表現の体験学習を行わせることがある。箱庭表現を行う人たちがクライエントであっても、研修のために行われる場合でも、箱庭表現がこころを開くことを促進すると言えるだろう。癒されるためには、こころが開かれなければならない。つまり箱庭療法において、クライエントの傷つきが癒されるためには、守られた場で彼らに傷つきを心理的に体験してもらう必要がある。しかしそのことが同時に、クライエントに対して侵害的な影響を与えているということを知る必要がある。クライエントが傷つきやすい人であればあるほど、箱庭を作ることに伴う侵害的な影響は大きくなる。しかしどのようなクライエントに対しても、治療者は箱庭の持つ侵害的な影響を考慮しなければならない。箱庭をクライエントに作ってもらう場合に治療者は、自身とクライエントの心理的な関係性によって「守られた場」が生じるために、クライエントが箱庭から侵害的な影響を過度に受けないように留意するべきである。

箱庭療法が持っている侵害性を説明するために、仮の事例を想定し、その断片について考えてみよう。クライエントはある面接で、箱庭の中心に「顔なし」という怪物を置いた。「顔なし」の周りを、数珠状のものがほぼ円形に取り囲んだ。さらに箱庭の四隅には、とても小さいミニチュアの人形がそれぞれ一体ずつ置かれた。クライエントはこのとき、左手の軽い怪我と、不眠などの心身の不調を訴えていた。そして同じころ治療者は偶然に、左の向こう脛に比較的軽い外傷を負った。しかし怪我の程度が軽いにもかかわらず、痛みは何日も続き、傷も治りにくかった。このような場合、クライエントの箱庭は、次のような心理を表現している可能性がある。

クライエントに対する箱庭療法が進展し、こころが開かれて、内的な世界が表出されるようになったと思われる。これは治療の進展であるが、同時に精神内界の開放によって、こころのなかの破壊的なものも表面に現れ出ることになる。怪物「顔なし」は、破壊的なものの象徴であり、怒りや攻撃性や食欲など、本能的なものを象徴しているだろう。クライエントはこのような本能的なものに突き動かされることを恐れて、怪物「顔なし」を取り囲む数珠や、箱の四隅にそれぞれ、古墳における土偶のように、小さなミニチュアの人形を置くことによってマンダラを表現し、箱庭の中央に出現した怪物の存在を鎮めようとしたと思われる。つまりこの作品は、箱庭を作り続けることによってこころが開かれることに伴う内界の圧倒的な影響（それはクライエントの不眠などの心身の不調によって知ることができる）から自身を守る試みであっただろう。

このような場合には、箱庭療法をいったん終了し、言葉を手段とする心理面接に切り替えるのが望ましいことがある。それによってたいてい、クライエントの不調は解消され、面接は再び軌道に乗るだろう。どのような治療技法も、必ずしもすべてのクライエントに対して有効とは限らない。大切な点は、治療者の身体を含むこころの世界を通して、クライエントが侵害されていないかどうか、ということを知ることであろう。

さらに箱庭療法治療者がクライエントに対して、箱庭療法の侵害性を十分に理解し、侵害的な態度をとらないことが最も重要である。この例では、偶然に生じた治療者の向こう脛の怪我とその痛みが、クライエントの傷つきを受け止めるのを助けた。クライエントの心身の不調と、治療者の怪我とは同時的に生じているが、そこに両者のこころの対応関係と布置を発見することができるだろう。当然のことであるが、治療者は自分の怪我について、クライエントに伝えてはならない。それによって、クライエントのこころを侵害するおそれが考えられるからである。こうして治療者はクライエントと同じ地平に立ち、それによって再び箱庭を用いた治療に戻ることができた。治療者の自然発生的な想像力のみならず、体感や身体状況も含めて、クライエントの心身の世界との対応関係を検討することによって箱庭療法を進展させることができる。

箱庭が作られていく過程を、治療者は見るべきか？

クライエントが箱庭表現をしている最中に、治療者がどこにいて何をしていればいいのかということについて、少し検討しておこう。これは箱庭療法の、基本問題につながることである。クライエントが作る箱庭表現は、治療者とクライエントとの心理的な関係性の表現であり、同時にクライエントの精神内界の表現でもある。多くの治療者はクライエントが箱庭を作っているあいだ、相手が子どもでも大人でも、クライエントの近くにいて、クライエントが砂に触れるのか触れないのか、あるいは最初にどんなアイテムを置き、次に何を置くのかということを注目している。つまり治療者は、クライエントの箱庭表現が出来上がっていく過程に、目で見ることを通して参加するのである。

たとえばケイ・ブラドウェイは彼女のやり方について、次のように語っている。クライエントの目障りにならないところに座り、彼らが砂の上に置くアイテムを面接の後で写真記録とつき合わせて、それらの置いた順番と位置を捉えるために、箱庭が置かれているときに順番や位置の記録を作成するという[32]。他方では冒頭で述べたように、晩年のドラ・カルフのやり方は、クライエントが向かっている箱庭からかなり離れて座り、作られつつある表現を見てはいるが、侵害しないように気をつけ、記録は取らないという関与の仕方であった。ブラドウェイのような関与の仕方を取れば、治療者はクライエントの箱庭表現の過程にこころのなかで、その作業を見ながら関与できる。たとえばクライエントが、治療者の許容性の限界を超えて破壊的な表現を行なっているような場合には、クライエントが箱庭を作っている途中で表現を中止させることもできるだろう。

しかしここでも、箱庭作りと治療者が関与することによる、クライエントに対する影響については十分に考えなければならない。わが国の小児科医療の現場で、数多くの子どもたちに対する箱庭療法を行っている ある臨床心理士から、次のようなことを聴かせてもらったことがある。その人によれば、情緒的な問題を抱えたたいていの子どもたちは、制作中の箱庭を治療者に見ないでほしいと頼むという。そのためこの箱庭治療者は、同じ箱庭療法室の一部にカーテンを引き、「見ないこと」を希望する子どもたちに対しては、作り終わった彼らから「もう見てもいいよ」という合図があるまで、カーテンの後ろに隠れているという。治療者によるこのような、箱庭の持つ侵害性に対する配慮は大切なことだと思われる。

筆者も最初は、クライエントが箱庭を作りつつあるとき、近づくことによって箱庭作りを邪魔することのないように配慮しながら、制作過程を見ていた。見ることによって、彼らの精神内界の動きを知ろうとしたのである。しかし後には、このような形で治療者が箱庭制作中のクライエントの世界に直接的に関与するのは、侵害的な影響を与えるのではないかと考え、クライエントに対する関与の仕方を変更した。わたしは箱庭を作っているクライエントが立っている位置から三メートルほど離れて肘掛の椅子に座り、作られつつある箱庭表現を見ないで、自身のこころのなかに自然発生的に生じるイメージを捉えるようにしている。箱庭表現を行っているクライエントを侵害しないというばかりでなく、同時に治療者自身がクライエントとの心理的な関係性のなかで、自らの内界に自然発生的に生じる想像活動を受け入れ、それらを捉える作業を大切にしている。クライエントの作りつつある箱庭を見ることを、必ずしも禁止するのではない。治療者自身のこころの世界に向き合い、想像活動に取り組むことを、作られつつある箱庭を見ることよりも大切にすべきであると考える。これらの点については、第2章でさらに検討する。

コスモロジーの視点

コスモロジーとは、こころの宇宙論のことである。わたしたちはどこから来て、今どこにいて、これからどこに行こうとしているのか。生きるということは、このような問いかけに答えることに等しい。わたしたちが心的危機を迎えたときには、あるいは何らかの行き詰まりを迎えたときには、こころの宇宙を再構築する必要に迫られる。箱庭療法が心理療法技法のひとつとして、ほかの技法と違うもっとも大きな特徴のひとつは、クライエントがこころの宇宙を再構築する過程に、自ら身体（両手）をもって参加できるという点であろう。

治療者の内向的な態度、クライエントの自然発生的な治癒

箱庭療法の本質のひとつとして、治療者がクライエントの関係において、内向的で非操作的な態度を取ることが大切である。治療者がこのような態度を取ることによって、こころのなかで自ら癒され、それがクライエントに間接的な影響を与え、自然発生的に治癒が生じるだろう。これはカルフの箱庭療法における基本的な治療態度であるが、彼女は箱庭治療者自身の体験については、ほとんど論じていない。わたしは箱庭療法において、とりわけ治療者自身の体験が重要であると考えている。事例編でとりあげるが、ここでも治療者自身のこころの動きを生かす、箱庭療法について述べておこう。

クライエントに箱庭表現を行ってもらうためには、クライエントのこころが治療者との関係性を通して守られている必要がある。さらにそのためには、治療者自身がこころを開き、クライエントが箱庭作りを行っているまさにそのとき、クライエントに対応するこころの世界を生きていなければならない。治療者がクライエントに対応する世界を生きるためには、通常考えるようなやり方、つまりは箱庭を作っているクライエントのすぐ近くに立ってそれを見ている、というような関与の仕方は適していない。逆に治療者はクライエントとの間を心理的に切り離し、自身の内的世界を生きるのである。わたしたちが最近の一〇年ほど行っている方法としては、クライエントが箱庭表現を行っているときには、箱庭に目を向けず、表現が終わってかられを見せてもらう、という手順を取る。クライエントが箱庭を作っているときには、治療者は自身の内界にこころを開き、自然発生的な自分のイメージを捉えようとする。そしてこのような体験を生かして、クライエントが箱庭を作った後では、治療者は自身の体験とクライエントの箱庭表現やこころの動きとの対応関係を、こころのなかで検討するのである。わたしは箱庭療法でも、治療者の自己開示には慎重でなければならないと考えている。このように治療者がクライエントとは切り離され、しかもそれと対応する心的世界を生き続けることを、変容性逆転移[33]と呼んでいる。

著者が行った、男児C（十歳、小学五年）に対する箱庭療法に、対応関係の観点から簡単に触れておこう。[34] Cは自転車で走行中に自動車と接触事故を起こし、それを契機に両側下肢の知覚異常と腰痛、そのための歩行困難を生じた。大学病院整形外科に入院し、腰痛に対して牽引療法が二カ月間行われたが効果はなく、精密検査でも明らかな異常が発見できなかった。そこで精神科に依頼がなされ、身体表現性障害（転換障害・疼痛障害）と診断された。このときCは、父親に叱られるのが怖いと訴え、夢のなかで「お父さんが僕を殺すために、鎌やヌンチャクを振り回しながら追いかけてくる」と語った。精神科外来では著者が担当になり、毎週一回の箱庭を用いた面接が行われた。ところが一週間後の第二回の面接で、箱庭がはじめて作られただけで症状が消失した。Cは整形外科を退院し、精神科外来に、それまでの期間を含めて二カ月間通院して治癒した。なおこの事例では、臨床心理士の大久保による母親面接が行われ、これもまたCの治癒を促進したと思われる。

このケースでは箱庭は六回作られたが、それらは全体として物語をなしており、一連の流れを持っていた。戦争による世界全体の破壊と、さらに原始人と野生動物たちの反乱を経て、新しい世界の出現に至るというものであった。治療者が行ったことは、クライエントに軽く勧めて箱庭作りをしてもらったことと、Cを「たびたび叱る」という彼の父親に対する不満や怒りに耳をかたむけたことのみである。箱庭表現としては内的宇宙の崩壊と、その再構築の過程が語られている。治療者であるわたしの体験としては、Cが箱庭を作っているときに、こころのなかに、次のような自然発生的なイメージが生じていた。つまりひとつは、面接中に「理不尽に怒る父」と「それに服従せざるを得ない、傷ついた息子」という関係にこころを開き、そういう父親と闘う息子というイメージが生じていた。そして治療者にはもうひとつ、「子どもを、守る父」と「守られる息子」についての、自分自身の子どものころのイメージが浮かんでいた。この事例は、男の子が圧倒的な父親に対していかにして向き合うのか、ということを課題にしている。わたしがこの事例を担当したのは、チューリッヒで男性分析家から教育分析を受け、ユング派分析家としての資格を取得して帰国した直後であり、治療者のなかで「父と息子」の問題に取り組んだ体験が生かされていると考えられる。

最後の面接でCは治療者に、「箱庭療法の帰りに道に迷い、変なところに行く。そこで顔に傷跡があるような、怖いやくざの親分に会う。しかし親分はなぜか僕に優しくて、その親分と友達になる」という夢を告げた。箱庭療法では治療者が何もしないときに、つまりはクライエントに対して自分の価値観を押しつけず、操作的なことを何もしないときに、クライエントが自然発生的に治癒する。しかしこれは、治療者が本当に何もしないということではない。クライエントが箱庭を作っているとき、治療者が内向的な態度を取り、つまりは治療者として、もっぱら自分自身のこころに向き合い、自然発生的に生じるイメージを体験することである。そして治療者は、それらのイメージを自身で捉えるように努める。

Ｃは、なぜ治癒したのであろうか。Ｃが箱庭を作っているとき治療者は、内向的な態度を取り、つまり彼にむやみに話しかけたりせず、自分自身に向き合っていた。そのとき治療者自身の子どものころの「怖い父親」のイメージや、その反対の「守ってくれる父親」の思い出が生じていた。治療者がこころのなかでクライエントと同型の課題を生きたことは、クライエントと治療者との関係性において彼を支え、クライエントのこころのなかの、「耐えられないほどの、恐怖を与える父親」が、「守ってくれる父親」に変容させたのであろう。他方ではこれは、クライエントにとって、「怖い父親イメージ」の変容は、彼のこころの宇宙を壊して作り直すような、破壊と建設を伴う大事業であった。このような一連のコスモスを再構築する作業に、クライエントが実体的に参加したことは、クライエントを支えるための、治療者の想像力の作業をも促進したのである。箱庭療法では治療者は、こころのなかでクライエントと同型の課題に取り組みながら、それら両者の対応関係を検討していく必要がある。

箱庭療法家になるためには

わたしたちが専門家として、クライエントに対して箱庭療法を用いた面接を行えるようになるためには、どのような研鑽を積んでいく必要があるだろうか。本章の最後に、この点について述べておこう。箱庭療法研修について考えるための参考になるので、国際箱庭療法学会の会員になるためのトレーニングについて触れておこう。国際箱庭療法学会の学会員になるためには、以上のような諸条件がある。[35]

①一連の箱庭療法をクライエントとして、国際箱庭療法学会の会員から受けること（これは言葉を換えれば、箱庭を用いた教育分析である）。
②七〇時間以上の箱庭療法のスーパーヴィジョン体験
③シンボルに関するレポート二編の提出
④終結事例の事例研究論文一篇の提出
⑤国際箱庭療法学会への二回以上の参加。そのうちの一回以上で研究発表をしなければならない。

国際箱庭療法学会が発足した一九八二年、創始者ドラ・カルフの研究活動の中心はスイスにあった。わが国でも河合隼雄らの貢献があり、国際箱庭療法学会が二回開催されるなど、この領域で相当大きな役割を果たしてきた。だが現代における研究活動の中心はアメリカ合衆国に移った観がある。そして合衆国の箱庭療法学会から発行されている『ジャーナル・オブ・サンドプレイセラピー』誌（*Journal of Sandplay Therapy*）が、箱庭療法研究のための国際的に代表的な学術雑誌として広く読まれている。

わが国の箱庭療法研究は、トレーニングシステムが欧米のもののように明確になっておらず、日本箱庭療法学会も、大学卒業資格を持つ数多くの人たちに対して開かれている。それでもわが国には、理論的な面は抜きにして、困難な事例に対して非常に深い治療的な関与ができる人が少なくない。これはすでに触れたように、わたしたちが箱庭療法に対して、ある種の文化的な親和性を持っているからであろう。このような親和性は、前述のように私たちの土に近い文化からきているのかもしれないし、内向的な国民性も関係しているかもしれない。しかし他方には、箱庭療法は心理療法であるという側面がある。本書では箱庭療法が、治療者とクライエントとの心理的な人間関係によってその治癒が促進されるとする、独創的な心理療法技法であるという視点を忘れないようにしたい。

箱庭療法家になるためのトレーニングについて、国際箱庭療法学会の会員になるための条件を参考にしながら考えてみよう。もっとも大切なことは、指導者から箱庭療法を用いた教育分析を受けることであろう。そして指導者からの、箱庭療法事例のスーパーヴィジョン体験も必要である。もうひとつ基本的なことは、わたしたちが何らかの心理力動的な心理療法による人間理解の仮説、たとえばユング心理学あるいは精神分析の人間観を学び、それが箱庭療法に生かされなければならないということである。そして当然のことであるが、箱庭療法家は箱庭を用いなくても、言語を媒介とする心理療法ができなくてはならない。

クライエントにとって、箱庭表現を行わないという自由が確保されている必要があるのだから、箱庭療法家は、クライエントが子どもの場合にはとりわけ、プレイセラピーができなければならない。大人の場合には、言葉による面接はもちろんであるが、特に大切なことは、想像力と内的なイメージを用いた面接に習熟している必要がある。子どもの場合にももちろん、治療者が自身の自然発生的なイメージに開かれていることは必要である。全期間にわたって箱庭が作られることも多いが、相当長期の心理療法過程の、一部の期間のみ箱庭表現を行うという場合がむしろ多い。だからこそ箱庭治療者は、同時に心理療法家でなければならない。なお箱庭療法家になろうとする者はその前提として、臨床心理士や精神科医など、心理療法家になるための、基礎資格を持つことが必要と考えられる。

第2章　治療者の想像力

瞑想ということ

この章では、箱庭療法を基礎づけている想像力について検討する。箱庭療法における想像力について検討しようとするとき、錬金術はその源泉となる。さらには想像力について考えるために、日本神話にも触れてみよう。想像力を用いて自身のこころに向き合うとき、その行為を瞑想と呼ぶ。またそのとき湧いているイメージの内容を想像という。ここではまず、瞑想を取り上げてみよう。瞑想という言葉もその行為も、広くさまざまな意味に用いられている。国語辞典によると瞑想とは、「目を閉じて心を静め、無心になったり想念を集中させたりすること」であるという。(1) これは一般的な定義であるが、わたしたちが箱庭療法で用いる「瞑想」という方法はそれとは異なる。つまりわたしが考える、心理療法的な瞑想とは、次のように定義することができるだろう。

① 瞑想は想像力の活動であって、ここでいう想像内容であるイメージは、視覚的なものだけでなく、内的な精神活動すべてを含むものとする。

②瞑想を体験する者は、目を開いていても閉じていてもよいが、自分自身に向き合う態度を取る。肉眼としての目を開いているか閉じているかが問題ではなくて、自身のこころが開かれているか閉じているかが問題となる。

③瞑想は無心になること、と思われている。しかし瞑想という営みは、こころをなくする、という意味で無心になることではない。真に無心になるということは、わたしたちが意図的で意識的であることをやめるということである。(2)

④瞑想のためには、必ずしも想念を集中させる必要はない。むしろ想念に自由を与えるということである。わたしたちのこころの奥から自然発生的に、何らかの思いが浮かび上がるのを待つということである。

⑤瞑想は自然発生的なこころの動き、つまりこころの思いにゆだねられるべきものであるが、同時に、わたしたちが浮かび上がってくる思いを捉えようとしなければならない。

⑥治療者は自然発生的に生じた自身の思いを、言葉や行動でクライエントに直ちに伝えようとせずに、まず自身で抱えなければならない。

⑦箱庭療法における治療者は、このようにして抱えられ、捉えられた自身の思いと、クライエントによって箱庭で表現される、あるいは語られる、思いとの対応関係を検討しなければならない。

⑧抱えられた、治療者とクライエントとの思いが出会うところが、両者のあいだの空間である。クライエントのこころのなかの箱庭ばかりでなく、治療者のこころにも「内なる箱庭」があると想定すれば、両者のあいだには第三の箱庭が生じる。

⑨両者のあいだの空間、あるいはそのあいだの第三の箱庭において、瞑想上でクライエントの傷つきは抱えられ、そして治療者の傷つきまでも抱えられ、治癒を体験するだろう。

⑩場合によっては、治療者の瞑想を通してクライエントのこころの動きを推測し、それをクライエントの体験であるかもしれないものとして伝えることがある。これは箱庭療法における、間接的な解釈といえる。

こころの宇宙論（コスモロジー）

箱庭を用いた心理療法は、特に子どもたちにとって、親しみやすくなじみやすい方法である。おそらくそのもっとも大きな理由は、箱庭の砂が、わたしたちがそこから生まれ、そこに還っていく大地を象徴しているからだろう。大人でも、面接という枠組みのなかで、子どものこころに還ることができれば、箱庭という砂の入った木箱のなかに、箱庭表現をするのは難しくない。森羅万象、つまり世界のありとあらゆる構成要素を用いて、クライエント独自のひとつの宇宙を作るのである。しかし構成要素自体は、既製のものである。つまり人や動物、あるいは家や交通機関、さらには木や森などの自然物について、しばしばそれらのミニチュアが表現の構成要素になる。箱については、箱の底と内壁を青く色を塗ることによって、海や川や池や井戸を作ることができる。砂を手で動かすことによって、山や谷や海という垂直方向の宇宙ばかりでなく、中心と周辺という水平方向の宇宙をも創造することができる。しかも描画のような表現手段と比べて、表現に技術的な要素がほとんど入ってこない。つまり表現の上手下手を気にすることなく、比較的自由に作品を作ることができる。

このような宇宙の表現が、物理的な宇宙ではなく、こころの宇宙であることを忘れてはならない。こころの宇宙は、象徴としての宇宙である。だから、川や海を、川や海そのものとして受け取ってはならない。そして、こころの宇宙に関する象徴的な表現を、わたしたちは両手を使って実体的に表現する。このような表現の直接性や実体性が、箱庭療法の一方の特徴である。

もう一方では、箱庭療法は治療者とクライエントの心理療法的な対人関係という面では、きわめて間接的なのである。つまり箱庭表現は、治療者とクライエントを直接的に媒介するものではない。ここに、心理的な関係性についての矛盾点がある。こころに治癒が生じるための対人関係を用いた援助を進めるために、箱庭という技法は互いに矛盾する課題をともに達成するように、わたしたちに迫るのである。箱庭療法は、その心理的な体験において、直接的であると同時に、間接的でなければならない。箱庭表現において、海や船や人に手を触れながら世界のなかに配置し、自身のこころの象徴的な表現を、できるだけ直接的実体的に体験する。直接的であるということは、自己と対象、つまり表現手段としてのアイテムとのあいだの距離は、限りなく近くなる。しかし同時に、心理療法的な対人関係は間接的でなければならない。つまり、心理的な援助をする人とされる人とのあいだは、心理的に十分離れていなければならない。治療的な対人関係が間接的であるということは、治療者とクライエントのあいだが切り離されているということである。おそらくこのような直接性と間接性は、相互に次元が異なるものであろう。

このこと、つまり治療者とクライエントとがなぜ切り離されていなければならないのかということについては、日本神話を基礎にしながら検討する。しかし治療者がどのようにすれば、自身をクライエントから切り離すことができるのかという点についての研究は、想像力との関連で本章の課題になっている。

心的距離と親密さ、そして布置

箱庭を用いた治療者として、クライエントを心理的に援助しようとして取り組む。そのためにはわたしたちは、クライエントから影響を受けすぎてはいけないし、影響を与えすぎてもいけない。心理的な距離が遠すぎては治癒に向けた動きは何も起こらない。しかしそうかといって、近すぎて融合的になってしまっては、治療者とクライエントが相互に相手のこころを自分の世界に巻き込んでしまい、この場合にも治癒の力動は生じない。治療者とクライエントが適切な距離を保つためにはどうすればよいだろうか。そもそも両者のあいだに、遠すぎず、そうかといって近すぎない、ちょうどよい距離というものがあるだろうか。ともすればわたしたちは、そのようなぴったりの距離があると思ってしまう。しかし、それはないであろう。この問題を、心理力動的に考えてみよう。治療者とクライエントのあいだには、長さを計って決めるような、ちょうどの距離があるのではない。おそらく解決への道は、相互に矛盾する、二つの関係性を超えたところにあるだろう。

クライエントと治療者とのあいだにはある種の親密さがあって、そして同時に、両者のあいだは厳然として切断されていなければならない。つまり治療者とクライエントとのあいだは、非常に近くなければいけないが、同時に限りなく遠くなければならない。両者の距離がこのように近くて遠ければ、治療者の身の上にクライエントとの関係性における治癒的な変化が生じるとき、クライエントにも同じような動きが起こるだろう。治療者の変化がクライエントに、間接的に伝わるともいえる。このような現象は、分析心理学では布置（constellation）と呼ばれている。しかし両者のあいだが切り離されていなければ、つまり融合的な関係にあるならば、このような治癒促進的な布置は生じない。治療者とクライエントが融合してしまえば、治療者もクライエントも、個人としての自分の世界を確保することができないからである。

このような矛盾した、治療者とクライエントとの関係性を基礎づけているものは何であろうか。その点を少し考えておこう。親密さについては、ユング(3)が血族関係リビドーについて、次のように語っている。

血族関係・リビドーは本能であるゆえに、宗教や団体や国家というような、代用物で間に合うようなものではない。それは、人間同士の結びつきを求めている。血族関係・リビドーは、転移現象の核心をなすものである。

セルフに対する関係性は、すなわち人間に対する関係性である。自分自身とのかかわりなしに人と関係を持つことはできないのだから、この血族関係・リビドーは、決して軽視することができないものである。（筆者訳）

ユングがこのように述べている血族関係リビドーは、治療者とクライエントとのあいだの親密さを基礎づけるものと考えることができるだろう。

切断と分化

心的距離の問題を考えるとき、親密さとともに、切断の心理について考えなければならない。ここで言う切断は、治療者とクライエントとのあいだを心理的に切断するという意味である。それは同時に、治療者とその「内なるクライエント」とのあいだの切断でもある。箱庭療法の実際という視点から見て、このような意味の切断の心理は非常に重要である。こころは人間同士の結びつきを求めているが、同時にその結びつきを切り離す、両者の切断をも願っているのであろう。治療者とクライエントとのあいだに、親密さを伴う結びつきと切断とが同時的に働かなければ、箱庭療法過程は進展しない。さらにここに、箱庭を用いる心理療法家として、専門職業的な分別が備わっていなければならない。当然であるが、素の自分でクライエントに出会ってはいけない。暖かい箱庭療法家であると同時に、「冷たい」治療者でなければならない。

治療者とクライエントのあいだに、過度の心理的な結びつきが生じること、つまり融合的な関係が生じることを防ぐためには、切断の力動が必要である。このことはわたしたちの自我の発達や、コスモロジーの視点とも密接に関係している。こころの発達は、自我が自らをセルフから切断し、対象とのあいだが分化することによって達成される。このような観点の分化には、切断という心理が、その主要な機制として含まれているのである。子どもは親から切り離されなければ、同時に親と「内なる息子」や「内なる娘」とのあいだが切断されなければ自立できないだろう。

コスモロジーの視点も、切断と分化という力動と密接に結びついている。切断と分化ということで重要なのは、日本神話におけるコスモゴニー（宇宙創造過程）である。宇宙創造過程の進展のなかで印象に残るのは、イザナキとイザナミとのあいだの切断と分化の神話である。イザナキがイザナミによる「見るな、の禁止」（八二ページ参照）を犯し、イザナミの死体を見てしまったために、イザナミは恥辱と激しい怒りとを体験する。イザナキは恐れをなして、黄泉の国から地上の世界に逃げ帰ろうとする。イザナミは手勢を使って、イザナキを追わせる。しかしそれに失敗し、今度はイザナミ自身が、イザナキを追いかける。最後にイザナキは、黄泉の国と地上の世界との境界となっている、黄泉比良坂《ヨモツヒラサカ》まで逃げ帰り、そこに巨大な岩を置いて、黄泉比良坂を塞ぐ。ここに二神のあいだが切断されるとともに、地上と地下という二つの領域が分離・分化されたのである。この段階における切断と分化とは、日本的なこころの宇宙における創造過程にとって、きわめて重要な出来事であったと考えられる。わたしたちの集合的な自我発達における対象との切断は、自我が無意識の領域と分化する上で、初めての決定的な進展を意味した。

切断に関して言えば、心理面接の外的な枠組みとも密接に関係している。たとえば、箱庭を用いる面接の終了時間についても、治療者が面接時間を厳密に守るためには、しばしば心理的な切断の作業を必要とする。切断と分化の問題は、心理療法的な関係性における守りの問題に密接に関係している。たとえば面接終了時間が切断によって外的に守られることは、クライエントの内的なこころの守りにつながる。

盆景と箱庭と錬金術、そしてユング心理学

わが国には伝統的に盆景というものがあり、盆上の容器に土を入れ、そこに自然の風景を立体的に表現して愛でるということが行われてきている。(4) 本書で取り扱っている箱庭療法については、これまでに述べてきたように、その由来は、盆景とはまったく違っている。しかし、わたしたちのこころの宇宙を、盆景あるいは箱庭として実体的にあらわすという点では共通であろう。盆景という文化と、箱庭という文化ではともに、それぞれの表現と、制作者のこころの状態との対応関係を検討することができる。両者のもっとも大きな違いは、盆景が伝統的な芸道のひとつであるのに対して、箱庭が心理療法の技法として相当広く用いられている点である。しかし盆景にも、日本の伝統的な芸道のひとつとして、こころの宇宙の実体的な表現を行うことで制作者のこころの治癒を促進する働きがあると思われる。

ヨーロッパに由来する箱庭療法を基礎づけているのは、中世の西欧社会における公的な規範であったキリスト教に対して、いわば裏の文化を形成していた、錬金術の存在である。次のような視点は、箱庭療法の創始者であるドラ・カルフ、(5) あるいはその後の箱庭療法家たち、たとえば現代の代表的な箱庭療法家の一人であるケイ・ブラドウェイら(6)も、共通に持っている。つまり彼女らの共通の特徴として、箱庭療法はクライエントの表現の象徴的な意味を理解することに力が注がれる。そのために箱庭表現を、錬金術におけるさまざまな象徴と対比させて見るという、ユング心理学の方法が用いられる。わたしたちのこころの世界は広く深く無意識の領域に根ざしているので、それを錬金術という、意識よりも無意識の領域に根ざした、裏文化の諸象徴を用いて理解するのは有意義であろう。

カルフやブラドウェイらは、クライエントが箱庭療法過程で体験する個性化の過程について、錬金術で取り扱われる物質の変化と対応すると考えた。錬金術における物質の変容過程としては、原材料の変容過程が、材料物質の移り変わる色彩にもとづいて名づけられている。それは黒化（ニグレド）の段階から始まり、白化（アルベド）、黄化（キトリニタス）を経て、赤化（ルベド）に至る四段階、あるいは途中の黄化が脱落した三段階の、いずれかの変容過程で表される。クライエントのこころの変容過程は、錬金術の物質変容過程と対応するが、それがまた箱庭表現の変容とも対応すると考えたのである。さらに彼女らは、箱庭の個個のアイテムの構成物で表現されるユング心理学の仮説、たとえば影やセルフを表現のなかに見出し、さらには錬金術の象徴に結びつけようとした。たとえば、セルフの象徴とされるマンダラ（曼荼羅）が、箱庭作品として表現されることに注目した。

これらの研究者たちの発想は、基本的で古典的な視点である。つまり治療者がクライエントの箱庭作品の象徴的な意味を理解できないとき、錬金術のさまざまの象徴や変容段階と照らし合わせることで助けられることがある。そのような意味で、彼女らの発想は有用である。しかし箱庭療法にとって、それよりも根底的なことがあると思われる。それは、錬金術における想像力の意義である。錬金術における想像力と、箱庭療法で用いられる想像力との対応関係である。錬金術師たちの想像力の作業と、箱庭療法治療者による想像力の作業との対応関係を検討することである。箱庭と錬金術の想像力を通した対応関係について、面接の実際のなかで検討し、治療に生かしていかなければならないだろう。このような点についてわたしは、箱庭療法における想像力と錬金術に関する論文を、『ジャーナル・オブ・サンドプレイセラピー』誌（*Journal of Sandplay Therapy*）で発表した。[7] その後欧米でも、この論文で論じたような視点の大切さが理解されるようになってきている。本章ではその内容をさらに発展させながら、箱庭療法における想像力の問題を、錬金術と日本神話を取り上げながら考えてみよう。

距離をとるための仕掛け

ユングは精神医学者および心理学者として六〇年に及ぶ臨床活動を行ったが、その後半の年月には錬金術の心理学的研究に力を入れた。箱庭療法でも錬金術でもそれぞれ、諸アイテムや材料物質に対する想像力による働きかけは間接的であるが、想像力が箱庭と錬金術の両者を基礎づけているという点で、共通しているといえるだろう。さらに箱庭療法において、わたしたちが砂やさまざまのアイテムに実際に手で触れることによってはじめて作品を作ることができるという、その直接的な実体性においても、錬金術との対応関係を考えることができる。結局このように考えると、一見相互に無関係のように思える、想像力と実体性こそ、錬金術と箱庭療法に共通する特性であると考えられる。しかしなお、このような二つの特性は、箱庭療法に限定されるものではなく、力動的な心理療法すべてを基礎づけるものであろう。わたしたちのこころの心理的な治癒のためには、間接的な想像力と、直接的な実体性とがともに必要だということである。

このような互いに矛盾する、想像力と実体性をともに満たすものが、錬金術の心理学的な側面である。このことこそ、ユングの錬金術研究の最も基本的な点のひとつであろう。しかも錬金術作業には、その作業（opus）に従事する、男性錬金術師である達人（Adept）と、女性錬金術師である神秘のシスター（SororMystica）という二人が従事した。この二人は化学変化を追求するために、実際に錬金術物質に触れることによる実体的で直接的な関与とともに、想像力を用いたこころの間接的な関与を行ったのである。これらの錬金術の本質は、現代の箱庭療法の特性とよく対応する。つまり箱庭療法では、砂やアイテムに両手で直接的に触れることによって実体的に作品を制作し、同時にこころのなかで想像することによって間接的に作品を仕上げていくという点で、錬金術と対応するのである。治療者とクライエントが想像力を用いながら、直接的・間接的に参加することによってクライエントが箱庭作品を制作するという、その作業の本質において箱庭療法は、錬金術作業と根底の部分で重なり合う。もちろん通常は、治療者がクライエントに提供されている、箱庭のアイテムに直接触れたりすることはない。しかし他方では、箱庭療法における実体性は、必ずしも物質そのものを必要としない。わたしたちの内的体験はときには、箱庭の砂やアイテムなどの物質的なものが現存しなくても、たとえば瞑想のなかで箱庭を作るなどしても、直接的に手で触れられる箱庭作品を作った場合と、ほとんど同等の実体性を体験できることがある。

ここで想像力が持っているもうひとつの重要な機能について、触れておきたい。前述のように、箱庭を含む心理療法において、治療者とクライエントとのあいだには、親密さと切断という相反する力動がともに必要であった。しかしこれとは別に、治療者がクライエントとのあいだに距離を取るための次元の違う方法として、想像力の活動があげられる。わたしたち治療者自身が瞑想に取り組むことによってはじめて、クライエントとのあいだに、生産的な距離をとることができる。対象との間にただ距離を置くだけならば、生産的なものは生じない。しかし治療者自身が想像活動を行うことによって、内的および外的対象とのあいだに距離を生じるとき、クライエントの治癒につながる新たな力動が、治療者とクライエントそれぞれに生まれるだろう。さらに新しい力動は、両者の中間の位置に投影される。この新しい力動によってその中間的な場所に、錬金術的な容器[8][9][10]が生じる。この容器は同時に、クライエントのこころにも治療者にも布置する。錬金術的な容器に、クライエントの傷つきのみならず、治療者の傷つきまでもが収容されて治癒に向かうのである。

実体的なものと想像力、それをつなぐ心理化

想像力の世界と実体的なものとは、もともと対極的な位置を占めており、両者は相互につながりそうにない。しかし心理療法という方法はここでも、ユングの全体性という発想にもとづく「あれもこれも」であるといえるだろう。つまり治療者とクライエントは、心理療法過程に対して想像力を働かせることによって、それを通して対象に実体的に関与しなければならない。箱庭療法の場合には、わたしたちの手が砂やアイテムに触れて、実体として箱庭表現を行うとともに、その表現の作業には必ず想像力が働いているのである。結局、想像力というあいまいな世界と、実体的な箱庭のアイテムに触れる体験とをつなぐものとしては、わたしたちがいかにして心理的に、さまざまな経験を切実に体験できるのかということであろう。箱庭のアイテムに実体的に触れる体験があっても、それが心理的な体験にならなければ、心理療法的には意味がない。逆にこころのなかだけで想像上の箱庭を制作しても、制作者がその想像活動に切実に関与するならば、それは実体的な体験になりうるだろう。

人間のさまざまな領域の経験を、心理的に体験することを心理化と呼んでいる[11]。箱庭療法でクライエントが箱のなかの砂とアイテムを使って世界を作る場合、彼が手を使ってその制作過程に実体的に参加するだけではなく、その振る舞いには心理化が伴っていなければならない。つまり、制作過程が実体的であるだけでなく、クライエントが箱庭のアイテムを手に取るとき、彼自身の心理的な課題に心理的に向き合おうとしていなければならない。想像力の活動にも、同様のことが言えるだろう。クライエントの想像活動は心理化されたもの、つまりは自分自身に向き合うための心理的な体験でなければならないということである。そして

クライエントが心理化を行う前提として、治療者が自分の体験を心理化していなければならない。

箱庭療法でクライエントの治癒が促進されるためには、相互に対極に位置する、想像力と実体的な体験をともに利用しなければならない。このことは想像力と実体性という、両方の作業に心理的な体験を通して、つまり心理化することによって取り組むということであろう。他方ではこの心理化の作業を研究するためには、錬金術の心理学的研究が有用である。箱庭療法の基礎を検討するための資料として、ユングによる錬金術の心理学的研究がある。ユングは代表的な業績のひとつである「心理学と錬金術[12]」のなかで、錬金術を基礎づける想像力の働きについて、瞑想（meditatio）と想像（imaginatio）という二つの言葉を用いて論じている。ユングによれば、この瞑想（meditatio）と想像（imaginatio）はともに想像力の活動である。しかしすでに触れたように、瞑想という言葉では想像活動という想像力の行為、想像という言葉では想像内容に力点が置かれている。

瞑想と箱庭療法

ユングは錬金術における瞑想ということについて、左記の引用で語られているような内容を述べている。なお錬金術の作業に従事する錬金術師の瞑想という営みについて知るためには、ユング自身が一七世紀の錬金術書『錬金術の道案内』から引用した図版[13]を参照してほしい。そこでは、黒化（ニグレド）の状態にある一人の錬金術師が瞑想において、内的な対話を行う姿が描かれている。瞑想の定義についてユングは、次のように述べる。

ルーラントの『錬金術辞典』は、「瞑想」をこう定義する。つまり「瞑想」という語を用いるのは、人が見えざる何者かと内的な対話を行うときである。この内的な対話は、神への呼びかけであってもよく、自分自身との対話であってもよく、あるいは自身の守護天使との対話であってもよい。ここで言う内的対話は、心理学者にはなじみのものである。なぜならそれは、無意識と対決し、かつかかる技法のきわめて重要な部分を占めるからである。ルーラントの定義が、次の事実を証明しているのはまったく疑う余地がない。すなわち、錬金術師たちが「瞑想」という言葉を使うときには、それは単なる熟考を意味しているわけではない。そうではなくて、明らかにある種の内的な対話を指している。だからこそ、わたしたちの内なる「他者」、つまりは無意識における、呼びかけに応える声との、生き生きとした関係性が生まれるのだ。(14)

箱庭療法面接を行うときには、本章の冒頭で触れたように、想像力の活動として、瞑想という取り組みを行うのである。わたしはクライエントが箱庭で自分のこころの世界を表現しているとき、肘掛け椅子に腰をかけて、身体的にもリラックスし、クライエントが制作中の作品を直接観察することなく、自らのこころが開かれるように努める。わたしのこころには、自然発生的にわたし自身のイメージが浮かび上がってくる。わたしは箱庭に自分の世界を表現しつつあるクライエントから離れて座っており、そこからは作りつつある作品は、意図して見ようとしない限り、直接見ることはできない。そのときわたしは、現実的には箱庭は制作していないが、瞑想のなかで箱庭を置いていることもあり、また箱庭以外のイメージが思いが浮かんでいることも多い。このような治療者の取り組みは、「達人」や「神秘のシスター」と呼ばれるような錬金術師たちによる内なる他者との対話、つまりは自分のこころに自然発生的に浮かび上がってくる思いを体験し、その体験を捉える作業に相当すると考えられる。錬金術師たちによる内的な対話とは、わたしたちのこころを開き、自然発生的なイメージや思いが生じることを許し、それらに関心を払い続けることである。このような作業の具体例については、本章にもその断片が挙げられており、他の章にも登場する。

サトル・ボディと投影の作業

錬金術的な想像力は、その内容の面から見るとき、想像（imaginatio）と呼ばれる。錬金術における想像は、箱庭療法を基礎づける重要な概念である。この点についても、ユングによる錬金術の心理学的研究から見てみよう。彼はやはりルーラントの、錬金術における想像力についての文献（『錬金術辞典』）を引用しながら、次にように述べている。

わたしたちは錬金術の作業（opus）に関連する想像過程について、ついファンタジーと考えてしまいがちだが、これを実体のない空想として受け取ってはならない。つまり、ある種の実体（corpus）を備えた、半ば精神的で霊的な性質の、精妙な捉えがたい生命体、つまり精妙体（corpus subtile）と考えなければならない。経験的なこころに関する心理学がまだ存在しなかった時代には、（心的事象を有体と見る）具象化は必然の成り行きであった。なぜなら、無意識的なものはどんなものでも、それがいったん活性化されれば、必ず物体（実質）的なものに投影されたからである。つまり、無意識的なものは（内からではなく、物質的なものを通して）外から人びとに近づいたのである。無意識的なものは、現代文明から切り離された人びとの心理にしばしば見られるような、あたかも半ば精神的で半ば物質的な一種の中間的な存在、つまりは具象物であった。かくして「想像」（imaginatio）、あるいは想像することは物質的な活動である。想像することは物質的な諸変化の循環のなかに位置しており、物質の変化に影響を及ぼすとともに、逆に物質の変化から影響を受けるのである。錬金術師はこうして、単に無意識と関係を持っただけでなく、物質そのものと直接的なかかわりを結んだ。つまり錬金術師は想像力を用いて、物質そのものを変容させようと願ったのである。[15]

ここに引用した文章から、箱庭療法における想像力の働きが見えてくる。さらには先に検討した、箱庭療法における、相互に対立する想像力と実体性の問題についても、錬金術作業とのあいだに対応関係を発見することができる。このような対極的なものをつなぐものがあるとすれば、それらのひとつはわたしたちの心理化の取り組みであり、もうひとつは錬金術における、精妙体（捉えがたい微妙な物体、サトル・ボディ、subtle body）であろう。錬金術を心理学から見れば、それは半ば物質的で半ば精神的な存在である、サトル・ボディを取り扱うということである。わたしたちは箱庭療法を用いることにより、こころの対極性に関する病理、つまり葛藤や乖離や分割によってばらばらになったこころについて、そのつながりを回復させようとする。その際、物とこころとを結びつけた錬金術、つまりはサトル・ボディがモデルとなってくれるのである。

現代では、錬金術という文化は存在しない。錬金術のように素朴に、物質に対して心理的な投影を行っていくという作業は、今日ではもはや見られないことである。しかし箱庭という心理療法の技法は、箱庭のなかの砂やアイテムに、わたしたちのこころの投影を入れ込んでいくという意味で、現代の錬金術であるとも言えるだろう。箱庭を作る人がさまざまなアイテムや砂に対して、こころを開いて投影を行うことができなければ、箱庭は単に制作者が意図的意識的に作り上げた、心理的な意味を持たない制作物になってしまう。したがって箱庭のアイテムや砂という手で触れられる実体があっても、それが物質であるばかりでなく、投影によって精神的なものにならなければ、心理的な意味を持ちえず、サトル・ボディとして機能することはない。他方では、わたしたちの瞑想におけるイメージ体験や夢に登場する、「想像上の物質」であっても、それらを心理的に半ば物質的なもので、半ば精神的なものとして体験できるならば、サトル・ボディとみなすことができるだろう。本書ではこれを、「広義のサトル・ボディ体験」と呼ぶことにする。

箱庭療法の原点

ではそもそもサトル・ボディとは、どのようなものであろうか。ここではわたしの子どものころの個人的な体験と、箱庭療法事例の断片について検討しておきたい。個人体験については、すでに拙著で取り上げたものであるが、簡単に触れておこう。[16]四歳のころ、近所の遊び仲間の男の子の父親（以下：おじさん）が出征し、やがて戦死の知らせがあり、彼の葬儀が行われた。おじさんの出征前に、わたしは危ない遊びをしていて叱られたことがあり、彼にある種の親しみと怖さを感じていた。葬儀の日の夕方、葬儀が行われた遊び仲間の家の庭にいたわたしは、カラスが山のほうに向かって飛んでいるのを見ていた。わたしはそれを見て、おじさんの魂があの世に旅立っていくのだと思った。当時のわたしはすでに誰かから、「人が死ぬと、魂は鳥になってあの世に飛んでいく」という言い伝えを聴かされていたのだろう。葬儀の日の夕暮れ時に飛んで行くカラスを見て、私にはその誰かの言った言葉が切実に感じられた。

このときのカラスはわたしにとって、単に物ではなかった。それは半ば物であるが、同時に半ばは、出征前に叱られたことがある、わたしに強い印象を与えた「おじさん」の魂でもあった。わたしは子どもながらに、おじさんの死について、悲しみや寂しさを感じていたと思う。カラスによって魂があの世に移動すると信じられたことは、わたしがおじさんの死を受け入れるのを助け、寂しさとともに、わたしにある種の落ち着きを与えていた。その日、家に帰ってから、母親にこの話をした。そしてこのころから、死や死後の世界について、寝床のなかで真剣に考えるようになった。わたしは死や死者の魂という問題をカラスに投影し、それに入れ込んでいたのである。飛んでいくカラスをサトル・ボディとして体験することを通して、わたしは癒されていったと考えられる。

実家の母親との幼児期以来の関係性の問題、さらには娘の引きこもりの傾向という課題を持った女性に箱庭療法をおこなったことがある。箱庭療法が開始されて八カ月後、クライエントは母-娘関係を主題とする箱庭を置いた。「母親に見捨てられている」と思いながら育ったクライエントは、今は亡き母親・自分の娘・自分自身、を表わす三つ一組のミニチュアの人形を真ん中に置き、少し離れた左上隅には、神社と超越的な男性像を置いた。さらには右背後に、黒い太陽像をも置いている。[17] クライエントが制作している途中の箱庭作品を見ることなく、わたしは自分の肘掛けいすに腰を下ろして瞑想していた。そのときに自然発生的にこころに浮かんできたのは、次のようなイメージである。すなわち「わたしは薄暗い闇のなかで、大地に両足を踏ん張って立っていた。目の前に、角を生やした黒い牡牛がいる。わたしは両方の手で、牡牛のそれぞれの角をしっかりとつかんだ。牡牛と正面から対決し、しっかりと押さえ込んでいた」わたしのこのような想像内容については、はるかに以前に分析家になるためのトレーニングを受け始めたころ、ほとんど同じ内容の夢を見ていた。その夢はわたしにとって、両親とのあいだの依存的な関係性を克服しようとする取り組みだと思われていた。過去の夢内容が、わたしの想像活動として、ほとんど同じ内容で現れてきたのである。クライエントはこの箱庭を作ったとき、「娘の（本当の）母親になりきるためには、実家の母に助けてもらわないといけないと思います」と語っている。

この場合、クライエントの箱庭表現と、治療者の想像内容とは、直接的にはそれほど結びつかないかもしれない。しかし両者の体験ともに、「内なる親」の問題に向き合い、それに取り組もうとしている点は共通であると思われる。治療者とクライエントとの、体験についての相互の対応関係は、直接的に対応する必要はない。深い次元で対応する場合には、対応関係がかえってわかりにくいことがある。

広義の、サトル・ボディ

瞑想への取り組みのなかで生じた、治療者としてのわたしのイメージについて考えてみたい。このイメージに関して、わたしは切実な体験をした。自分の両手のそれぞれで、牡牛の両方の角をつかんでしっかりと受け止めた。牡牛は暴れることはなかった。このような想像力の体験でとりわけ印象的なことは、わたしが牡牛の角を渾身の力を入れてつかんでいるときの、手のひらの感覚である。その感覚が、非常にリアルによみがえってくる。目の前に、牡牛が実際にいるわけではない。しかしわたしは瞑想のなかで、牡牛の両方の角をつかんで、全身の力を込めていた。角をつかんでいる感触と、その角の存在感は、目の前に現実の牛がいなくても変わるものではなかった。両手でつかんだ牡牛の角は物質である。しかしそれは同時に、親という圧倒的な存在を象徴するものと考えられ、自立に取り組むわたしにとっては精神的な対象でもあった。このような場合の、対象としての牡牛の角は、錬金術に照らし合わせて考えるならば、「広義の、サトル・ボディ（精妙体）」として機能したといえるだろう。

サトル・ボディとは物とこころのあいだにあって、半ば精神的な、そして半ば物質的な体験である。そしてすでに触れたように、それがサトル・ボディであるためには、精神的なものも物質的なものも、ともに心理化された体験でなければならない。あの日、山のほうに飛び去ったカラスは、カラスでもあり魂でもあるという意味で、このカラスを見送ることはサトル・ボディの体験であっただろう。わたしが体験したカラスは、半ば物質的なもので、半ば精神的な存在であったが、わたしの身体は直接的に関与していたわけではない。瞑想のなかで、わたしが牛の角をつかんだ両手は生きた手であり、半ば物質であった。それと同時に、両手は黒い牡牛で象徴される、親という存在と向き合う作業を行っており、その意味で精神的な存在でもあった。わたしの両手はこのような意味で、サトル・ボディの体験をしたといえるだろう。さらには瞑想のなかで牡牛の角を両手でつかむ体験は、わたしにとって心理化された身体の体験でもあった。その体験を通して、自身が親との取り組みを進めることができたとしたら、それは治癒の動きといえる。わたしの両手は「広義の、治療的身体」として機能したのである。

幼い友達の戦死した父親の葬儀と、カラスの体験は、わたしに死の世界の存在と人間の有限性を考えさせてくれた。前述の、傷ついた娘をどのように支えるのか、という課題を持った女性の事例では、治療者としてのわたしが瞑想のなかで、この両手で牡牛の角をつかんだ切実な感触が、わたし個人に「内なる親」からの自立の主題に改めて直面させてくれた。治療者の体験はクライエントに対しても、「内なる親」との取り組みを布置したと考えられる。このとき想像のなかの牡牛の角と、さらにはわたしの両手も、日常の世界の角や手ではない。それらは現実の物や身体ではないが、「広義のサトル・ボディ」と考えられるだろう。真木は心理療法面接における逆転移として、治療者の体感と錬金術のサトル・ボディについて研究し、身体面のサトル・ボディが治癒促進的に機能する場合を、治療的身体と呼んだ[18]。わたしはこれをさらに拡大し、夢や想像力における身体面のサトル・ボディ体験をも「広義の、治療的身体」とみなすことにしたい。

五七ページの事例においてクライエントは、彼女と娘に相当するミニチュアを置いたばかりでなく、今は亡き実家の母親を意味する像と、やはりすでに亡くなっている父親と関連すると思われる、超越的な男性像を置いている。さらに右上に、黒い太陽像を置いている。これもまた、破壊的なものを含む、「内なる親」との取り組みへとつながるだろう。クライエントがこれらのミニチュアを手で取り上げるとき、彼女による「内なる親」への切実な関与と投影の作業によって、ミニチュアは単なる物ではなくなり、半ば物質的で、半ば精神的なものになったであろう。この場合のミニチュアと、それを取り上げたクライエントの手は、サトル・ボディといえよう。またこのとき箱庭制作を通して、クライエントが「内なる親」との取り組みを進めたとしたら、その手を治療的身体と呼ぶこともできるだろう。なおクライエントが置いた黒い太陽像と、治療者の瞑想における黒い牡牛の体験とは、「内なる親」への対決に伴う破壊的な側面を象徴していると考えられ、相互に対応しているだろう。

身体の覚醒と治療的身体

臨床経験から言えば、摂食障害の人たちはしばしば、回復期に身体の覚醒を体験する。摂食障害で痩せが目立つ人たちが面接を通して回復に向かうとき、クライエントたちは、「このごろ自分の体が切実に実感できるようになった」と話してくれる。こうしたときにわたしは、クライエントの身体があたかも「目を覚ました」ように感じる。このような心理的に体験される身体性の回復については、「身体の覚醒」と呼ぶことができる。[19] しかし同時に、摂食障害のクライエントが心理療法を受けている場合、回復期にあるときのこのような経験はサトル・ボディの体験であり、彼女らは「治療的な身体」を体験しているとも言えるだろう。

サトル・ボディという視点から言えば、想像のなかで牡牛の角をしっかりと握って離さなかったときの、わたしの両手のひらの感触は非常に鮮明であり、心理的な体験としての身体は、覚醒した状態にあった。またこれに対応するクライエントの体験として、彼女が自分の娘や実家の母親や、また神社のそばの父親に相当するミニチュア、さらには黒い太陽像を手に持って砂の上に置くとき、それらを持つ彼女の手の感覚は切実であっただろう。このときのクライエントには、身体の覚醒が生じていたと見ることができるだろう。この、現実にはすでに二〇年以上も前に死亡している「内なる親」との取り組みから八カ月後には、クライエントの夢のなかで母親が死亡する。「自分を見捨てた」と思ってきた母親が、クライエントのこころのなかで変容を遂げつつある。黒い太陽像は、「内なる母」の死ともつながるのかもしれない。

箱庭を用いた面接における、体感の問題について考えてみよう。面接中の身体感覚が体感として、つまり治療者やクライエントの鮮明な身体感覚が取り上げられることがある。実際に心理面接において、治療者が体感に対してこころを開くことができれば、自身のこころのなかで起こっていること、さらにはそれに対応するクライエントのこころに生じていることをキャッチするための重要な手段となる。たとえば治療者は、父親からの精神的な自立の課題を持った男性クライエントが箱庭を作っているとき、治療者自身のこころに、故郷の両親の家の裏庭にいる、子ども時代の父親の姿が浮かんでくるかもしれない。そのとき彼には、子どものころの生活に関連して、学校の勉強を怠けていることに対して、父親に叱られるという漠然とした不安が生じるとともに、胸部が締め付けられるような息苦しさを覚える。一方で、クライエントは箱庭を作りながら、子どものころの実家の建物や周りの田園風景や、そこにいる父親を非常にリアルに思い浮かべ、上腹部のむかむかとした不快感に耐え、制作後にそのような不快感と父の怖さを語るかも知れない。

例として取り上げたような、治療者における胸が「締め付けられる」という感覚、そしてクライエントにおける上腹部の「むかむかとした感覚」は、面接中の体感だといえるだろう。このような身体感覚は、半ば物質的（身体的）で、半ば精神的な体験である。その意味でサトル・ボディ体験といえよう。治療者がここに述べたような「息苦しさ」の体感を抱えていると、それはやがて癒されていく。そしてクライエントの不快な身体感覚も、ほとんど同時的に治癒に向かう。これらは相互に別個の体験ではあるが、このサトル・ボディ体験が対立する父と息子を結びつける働きをするなら、治療者の身体体験は治療的に意味のある体験である。さらにはこれらの治療者とクライエントにおける身体感覚は、サトル・ボディ体験であると同時に、身体面で体験される治癒促進的な体験であるという意味で、治療的身体として機能したと考えられる。

超越的なもの、そしてサトル・ボディ

わたしたちのこころの傷つきが治癒するとき、そこにはしばしば超越的なもの（ヌミノームス）との心理的なかかわりが生じている。このことと、サトル・ボディ体験との関連を考えてみよう。半ば精神的で半ば物質的なもの、つまりサトル・ボディは、時に超越的な存在となる。たとえばわたしが四歳のときに体験したサトル・ボディとしての、山のほうに飛んでいくカラスは、出征して戦争で死んだ近所のおじさんの魂でもあった。葬儀の日の夕方、カラスの姿をした魂を見送ったとき、わたしは子どもながらも、その魂に対して恐れと畏敬の念を覚えた。ある種の、ヌミノースムを体験したといえるだろう。そこには寂しさや怖さとともに、おじさんの死をいたみ、喪の作業を進めることによる、ある種の癒しがあったように思われる。サトル・ボディの体験が対極的なものをつなぐ働きをすると考えれば、それが超越的な性質を帯びるとき、その超越性はサトル・ボディの治癒促進的な機能を強めるものとなる可能性がある。

ここで再度、五七ページの女性の事例に還って、超越的な体験を伴う、サトル・ボディについて検討しておこう。クライエントの女性は箱庭を用いた面接を開始して一年半後、次のような箱庭を制作した。つまり、箱のほぼ中央の砂の上に、木彫りの大きな仏像が置かれた。その木彫りの仏像に対して、クライエント自身を表わすと思われる女性像が座って対面している。彼女は仏像に対して、礼拝しているように見える。なお箱の左上隅には、容器で作られた明るい太陽像が置かれている。[20] この箱庭作品を見たとき、治療者であるわたしのこころには、次のような想像体験が生じた。

わたしは、大きな（銅像のような）像の前にひざまづいていた。その像は、今は亡くなったわたしの分析家の姿によく似ていた。いや、分析家そのものと言ってよかった。わたしは分析家の像の前に、ひざまずいて礼拝する。そして像の前で、深くこころを動かされていた。

この、女性との面接中に体験した治療者のイメージは、二〇数年前にチューリッヒ・ユング研究所で、分析家になるためのトレーニングを受けていた当時の夢の体験に発している。分析関係に基礎をおくこの夢のなかでわたしは、分析家の像の前にひざまずき感動しながら、超越的なものに出会ったことによる涙を流していた。分析家の大きな像（銅像）は、わたしにとってまさに超越的なものであった。それは夢のなかでは、畏敬と信頼の念を抱く対象だったのである。わたしとクライエントとの面接中に、彼女の箱庭作品を見たことが刺激になって、このような想像のなかに登場した分析家の像も、研究所に留学していた当時に夢のなかで体験した銅像も、ともに単なる物としての銅像ではない。つまり半ば精神的なもの（人）で、半ば物質的なもの（銅像）である。すなわちこれらは、サトル・ボディの体験であったといえるだろう。しかもそれらはサトル・ボディであるばかりでなく、わたしにとって超越的なものであった。

もうひとつ大切なことを忘れてはならないだろう。それは、クライエントによる箱庭の体験である。ここで述べたような、治療者としてのヌミノースムの体験のみでなく、クライエントのこころにも、わたしのこころの動きに対応する動きが生じているだろう、ということを理解することができた。すなわち、クライエントのこころは、超越的なものを自身の治療者に投影していると考えられる。クライエントが置いた大きな木彫りの仏像と、彼女自身を表わすと思われる仏像の前でひざまずく女性像とは、おそらく治療者クライエント関係を表わしているだろう。クライエントが箱庭を置くために、彼女の手が木彫りの大きな仏像に触れたとき、単なる物としての木の像に触れたのではなかっただろう。このときの仏像は、半ば物質的なもので、半ば精神的なものであったばかりでなく、超越的なものでもあった。仏像はサトル・ボディとしてだけでなく、超越的なものとしても機能したのである。そしてまた、仏像を置いたときのクライエントの手の感覚は、やはり精神的な体験であるとともに、物質に触れる体験でもあり、彼女の治癒のための治療的身体であったと思われる。

日本神話と身体

箱庭療法は治療的身体という発想を通して、わたしたちの身体と密接に関係してくる。サトル・ボディが身体面で体験されるとき、それはこころの治癒を促進するという意味で、治療的身体と呼ばれる。ところでサトル・ボディ概念は、一四世紀から一七世紀にかけてのヨーロッパで行われた錬金術と、ユングによる錬金術の心理学的研究に基礎を置いている。しかしサトル・ボディや治療的身体について考えるとき、それらを基礎づけるものは、必ずしも錬金術に限るものではない。箱庭療法の世界では、神話学や文化人類学や比較宗教学から得られる知見も、こころの治癒を基礎づける。これらの諸領域から知ることができる人間の普遍的な心性は、つまりは広義の神話は、箱庭療法とは何かということを教えてくれる。そして錬金術を含む広義の神話は、治療者とクライエントが出会う心理面接の枠外にあって、治療構造に欠かせない基準点になるだろう。

第3章では関係性という側面から、箱庭療法の神話的な基礎について検討する。ここではその際に用いる、神話的な素材の一部に触れながら、箱庭における治療的身体を基礎づけるものとしての、アメノウズメ神話について検討しよう。日本神話においては、傷つける者としてのスサノヲと、傷つけられる者としてのアマテラスが、二神一組になって関係性を形成する。もちろんこれらの役割は固定化されたものではなく、本質的には両者の関係は相互的なものである。詳しくは第3章を参照していただきたいが、ここでは特に治療的身体として機能する、女神アメノウズメに焦点を当てて考えてみよう。日本神話のパンテオンにおいて、その中心をなす太陽女神アマテラスの傷つきが治癒するために、アメノウズメはとりわけ大きな役割を果たす。

高天の原《タカマガハラ》における太陽の女神アマテラスは、スサノヲの乱暴狼藉によって大いに傷つく。そして最後にスサノヲによって、アマテラスの衣を織るために機織女が働いている、聖なる機屋の屋根に穴があけられ、逆剥ぎに皮を剥いだ裸馬が投げ入れられる。これに驚愕した機織の女性は、自らの陰部を梭《ひ》で突いて死んでしまう。以上のような神話は、古事記における物語である。ところが日本書紀の本文では、アマテラス自身がこの梭によって、自ら身体を傷つけることになっている。このような古事記と日本書紀の神話的な伝承の相違から、アマテラスにおける身体性について考えさせられる。つまり天の岩屋戸《アマノイワヤト》神話としてはもともと、アマテラスの身体的で直接的な傷つきと、それからの治癒について語ろうとしたと考えられる。女神アマテラスが後に天の岩屋戸から再来するまでは、女性としての身体的な側面が希薄な神格であったから、古事記におけるような、アマテラス自身ではなく、彼女の衣を織る機織の女性が、いわば分身として身体を自傷するという神話が生じたのだと思われる。天の岩屋戸神話におけるアマテラスは、神々がアメノウズメの裸の踊りを見て哄笑するのを聞きつけ、自ら天の岩屋戸を細めに開く。アマテラスはここで、女神アメノウズメに媒介されて、身体性を獲得している。さらにアマテラスは出雲神話を経過して後の天孫降臨神話では、地上の最初の王となる嬰児ホノニニギの、祖母としての身体性を生きる。

対極的なものを媒介する身体性

女神アマテラスは通過儀礼以前の段階では、彼女の身体については機織女が引き受けており、身体性を欠いた、あるいはそれが希薄な神格であったと考えられる。一方のスサノヲは、収穫祭が行われる大嘗殿を糞便で汚すことにも見られるように、むしろ過剰なほどの身体性を備えた神格だとみなすことができる。女神アメノウズメは、大変興味深い神格である。スサノヲによってひどく侵害された太陽の女神アマテラスは、死に等しいような深い傷つきを負い、いったん暗黒の天の岩屋戸へと引きこもる。彼女の高天の原への再来には、アメノウズメが決定的に重要な役割を果たす。高天の原の神々は天の安河原に集合して策を練り、アマテラスを天の岩屋戸の外に引き出して、暗黒になった宇宙を再び明るくしようとする。まず鶏を鳴かせ、八尺鏡と勾玉を作らせ、これらを榊の枝にかけた。この間に牡鹿の肩の骨を焼いて、占いが行われている。さらには、男性神アメノコヤネにより、祭式における神に祈る言葉である祝詞が唱えられる。

このような準備の下で、女神アメノウズメは蓋をした空の桶の上に乗り、それを太鼓のように踏み鳴らし、その音とともに神がかりする。アメノウズメはこのときエクスタシー（脱魂）の状態にあり、脱魂して自己の魂を身体から遊離させることができたと考えられている[21]。神がかりした女神は周りの神々に、踊りながら乳房や陰部を見せる。これを見て神々は大笑いし、天の岩屋戸を取り囲む場の雰囲気は、陰鬱な世界から明るいものへと一変する。アマテラスは天の岩屋戸の外におけるこのような神々の哄笑を聞きつけて、天の岩屋戸を細めに開く。これがアマテラスの再来する端緒で、やがて女神は天の岩屋戸の外に出ることになる。太陽の女神アマテラスは復活し、宇宙が再生する。同時にこれがアマテラスにとっての通過儀礼となり、女神は日本神話のパンテオンにおいて、身体性を含む全体性を備えた神格となる。アメノウズメの半裸の踊りは祭式であるとともに、これには真のエクスタシーが含まれていると思われる。とりわけ興味深いのは、シャーマンとしてのアメノウズメが、天の岩屋戸という異界から、死者としてのアマテラスの魂を高天の原へと連れ戻して、再生させたと考えられる点である。

天の岩屋戸神話を女神アメノウズメという観点から見れば、この女神が未成熟で身体性を欠いたアマテラスと、乱暴者で、過剰な身体性を持つスサノヲとの、対立を媒介する神格であることがわかる。身体を持つことができなかった、天の岩屋戸にこもる前のアマテラスに対して、アメノウズメは半裸で踊ったことからもわかるように、きわめて身体的な存在である。もう一方で、通過儀礼を体験する以前のアマテラスは、スサノヲの高天の原に対する侵犯に驚き恐れて、天の岩屋戸にこもることからわかるように、自分を守るための力を身につけていなかった。ところがアメノウズメのほうは、後の天孫《テンソン》（アマテラスの孫）である嬰児ホノニニギの地上への降下の際には、外敵に対決する攻撃性を持つ、怖い顔という意味の「いむかふ神」「面勝つ神」として護衛の役割を果たしている。つまりアメノウズメは、自己を守るための攻撃性を身に着けている。女神アメノウズメは、スサノヲの聖域侵犯に対して怒ることができなかった通過儀礼以前のアマテラスと、裸馬を屋根から投げ入れるような攻撃性を備えたスサノヲとの、両者のあいだを媒介する。さらにアメノウズメは、神聖な大嘗殿をスサノヲに侵犯されるなど、霊的に未発達な存在であるアマテラスと、成熟した後には根の国《ネノクニ》の支配神となるスサノヲとの間を神がかりすることによって媒介する。アマテラスはこのようなアメノウズメの媒介の働きを受けて、天上の至上神として超越的な力を身につけただろう。

こうして見てくるとアメノウズメは霊的精神的であり、肉体的物質的存在でもあるものとして、サトル・ボディとして機能したとみなせるだろう。そして同時に治癒の女神アメノウズメは、分身の機織女で表わされる傷ついたアマテラスと、加害者であるスサノヲとのあいだの中間的な存在として、治療的身体として機能したといえよう。以下のように見ると、天の岩屋戸神話におけるアメノウズメは自らの身体性によって、箱庭療法における身体領域のサトル・ボディである、治療的身体を基礎づけている存在である。身体領域のサトル・ボディである治療的身体もまた、わたしたちのこころにおけるさまざまの対立するものを媒介し、対極性に由来する病理の治癒を促進することができると考える。

まとめに代えて

わたしたちが箱庭表現を行うとき、箱のなかの砂をかき分けて川や海を作り、こころの宇宙を構成するさまざまなミニチュアを手に持って、砂の上に置いていく。つまり、わたしたちの手が実体的に用いられ、その触覚が箱庭作品を作り上げる。そのため箱庭療法では、とりわけ治療過程の転回点においては、作品を作るクライエントの手が、治療的身体として大きな役割を果たす。しかし手が治療的身体になり、砂やミニチュアがサトル・ボディとして機能するためには、わたしたちがこれらの物質あるいは身体に対して、自らの投影を入れ込んでいく必要がある。つまり手や砂やミニチュアは、身体や物質であるばかりでなく、精神的なものにならなければならない。物質や身体に錬金術的な想像力が働くとき、換言すれば、わたしたちのこころが「もの」に対して強い投影を入れ込むとき初めて，それらはサトル・ボディや治療的身体となる可能性が生じる。

箱庭療法における治癒が促進されるためには，錬金術的な想像力が必要なのである。そして想像力を用いることによってはじめて，親密さと切断というアンビバレンスとは次元の違うところで，クライエントとのあいだで，治癒に結びつく生産的で創造的な距離をとることができる。この章では箱庭における想像力の源泉として錬金術を取り上げ，それを心理学的に検討した。想像力によって生じる錬金術的なサトル・ボディや治療的身体は，箱庭療法を通して，こころの乖離や分割や分裂の治癒を進める。さらに神話におけるサトル・ボディ，あるいは治療的身体を議論するために，日本神話を取り上げた。対極的な二つの神格である，スサノヲとアマテラスとのあいだを媒介するものとして，天の岩屋戸神話に登場する女神アメノウズメに注目した。とりわけ太陽の女神アマテラスが，聖域を侵犯する男神スサノヲと対立し，世界没落体験に類する圧倒的な傷つきを受けたとき，対極的なスサノヲとアマテラスのあいだに新たに登場したアメノウズメによって，両者が対立による傷つきから，どのように治癒するのかということについて検討を加えた。

先の女性の事例では，クライエントが配置した黒い太陽像は，治療者自身の黒い牡牛に関する瞑想内容との対応関係から，クライエントの課題すなわち破壊的なものも含む「内なる親子関係」への取り組みを表わしていると考えられた。さらに興味深いのは，箱庭における黒い太陽像は，日本神話における天の岩屋戸のなかの，傷ついたアマテラスと対応していることだろう。

この回の面接は治療者のクライエント理解を進め，クライエントは自身の親子関係の傷つきに開かれ，治療者クライエント関係は深まり、治療過程は進展した。そしてこの面接から八カ月後には、クライエントは夢のなかの母親の死を通して、「内なる母」の大きな変容を体験することになる。クライエントの箱庭表現における自身と両親の像、さらには黒い太陽像は、治療者の瞑想中の、暗闇における黒い牡牛の角を握っての取り組み（対峙）、に対応していると考えられた。太陽女神アマテラスは、天の岩屋戸のなかの黒い太陽の体験を経て、至上神でも母神でもあるものへと変容している。このときの面接は、クライエントの治療における転回点になった。クライエントが手に取った両親像や黒い太陽像などのミニチュアと、治療者が瞑想のなかでつかんだ黒い牡牛の角は、それぞれクライエントと治療者の想像力が加わることによって、半ば物質的半ば精神的なものとなったと考えられ、サトル・ボディといえるだろう。またそれらのミニチュアを棚から取り砂に置いたクライエントの手も、黒い牡牛の角を握り締めた治療者の手も、それぞれの想像力が加わっており、いずれも治療的身体と呼ぶことができると考える。

面接開始一年半後に生じたクライエントの箱庭体験もまた、クライエントにとって治療過程の転回点をなすものであった。その面接では、クライエントが箱庭を制作した後に作品を見せてもらったとき、治療者のこころに自然発生的に想像が生じた。このときクライエントが砂の上に置いた、大きな木彫りの仏像は、クライエントにとってはもちろん、治療者のわたしにとってもこころを動かされる体験であった[20]。その仏像が、サトル・ボディとして機能したのである。クライエントにとってとりわけ、その木彫りの仏像を手で持ったとき、その両手は物質（身体）であるとともに、精神的な体験をする主体であり、サトル・ボディであるばかりでなく、彼女の治癒を促進する、治療的身体として機能しただろう。そしてクライエントにとって、礼拝の対象としての仏像は、治療者像ともつながると思われ、超越的なものでもある。治療者のこころに生じた想像のなかで、わたしが体験したわたしの分析家を思わせる銅像についても、それはサトル・ボディであり、その超越性についても、同様のことが言えると思われる。これらの仏像や銅像の超越的な性質がサトル・ボディが持つ治癒的な特性をさらに促進するといえる。

章の最後に箱庭療法における治療者とクライエントとのあいだの対応関係について述べたい。ここに取り上げた事例の断片にあるように、クライエントの心理的な体験と治療者のそれとは、箱庭療法過程を進展させる治療的な転回点において、とりわけ顕著な対応関係を形成することがある。このような対応関係に注目することは、箱庭療法における治癒の促進のためには特に重要であるといえるだろう。

第3章 関係性と自然発生的な治癒

箱庭と象徴

箱庭療法は従来ともすれば、表現された作品における個々のアイテムの象徴解釈に力点が置かれていた。これはある意味で自然なことだろう。制作者のこころの世界を言葉で伝えるよりも、他者が見ることができる形で、イメージとして実体的に表現するほうが、治療者とクライエントとのコミュニケーションを促進するからである。イメージによる表現は、象徴解釈によって初めてその意味を発見することができる。箱庭というイメージ表現を通して、クライエントのこころの世界をどのように理解するのかということが、治療者にとっての課題となる。イメージが象徴解釈によって意識化されるものであるとすれば、箱庭作品の象徴解釈はどうしても必要なものだといえる。クライエントによるイメージ表現の意味を、治療者が象徴解釈によって発見しなければ、こころを理解することができない。

イメージ表現に関しては、さらに他の課題がある。イメージを家屋や庭園や自動車というように個々のアイテムに分けて捉える場合と、他方では、それらを含む風景や物語の全体として捉える場合がある。わたしたちのこころが本来、個々の要素に切り離されたばらばらのものであるよりも、全体的な存在であると仮定するなら、イメージの理解もそうした全体的な観点から行わなければならないだろう。つまり象徴解釈に際して、用いられたアイテムを個別的に捉えるよりも、箱庭の作品全体を象徴の体系として全体的に捉えることが大切だと考えられる。さらにまた、このような象徴体系を大切にするという視点では、クライエントの一連の箱庭表現を縦断的に、こころの物語における、進展や停滞、つまり流れとして捉えることは重要であろう。クライエントの表現を象徴の体系として捉えることの意義は、箱庭療法に限るものではない。心理療法全般において、治療者はクライエントの表現を象徴として捉え、その意味を知ろうとする。

もうひとつの視点は、これもまた心理療法に共通の問題であるが、箱庭における治療者とクライエントとの関係性の主題である。心理力動的な心理療法と同じく、箱庭療法においても、治療者とクライエントとの心理的な関係性をとおして援助が行われる。箱庭療法ではこれまでもっぱら、イメージの作品としての箱庭表現が注目され、治療者とクライエントとのあいだの心理療法的な関係性についての検討がおろそかにされる傾向があった。そのうえ治療者とクライエントとの関係性が検討される場合にも、治療者自身の内界に十分な関心が向けられず、もっぱらクライエント側のこころの動きが検討されてきた。

だが臨床経験からいえば、わたしたちが箱庭を用いた治療者として十分に機能するためには、治療者側のこころの動きを、自身で捉える必要がある。まずそれを出発点として、治療者クライエント関係が検討されるべきだろう。象徴解釈と治療者とクライエントの心理療法的な関係性は、相互に関連している。治療者とクライエントとの関係性を抜きにしては、クライエントの箱庭表現について、適切な象徴解釈を行うこともできない。わたしたちのこころの治療的な象徴の世界は、心理的な関係性によって生じるのである。逆に治療者とクライエントとの関係性を理解しようとすれば、クライエントと治療者のこころが、それぞれどのような象徴体系を生きているのか、そして両者の象徴体系がどのような対応関係にあるのか、ということについて知る必要がある。

神話の体系

この章では箱庭療法における象徴解釈と、治療者とクライエントとの関係性の問題を検討している。このことを臨床的に検討するにはしばしば、個々の事例経過が取り上げられる。しかしここでは事例そのものよりも、主として神話の体系を用いることにしよう。それには、いくつかの理由がある。第一の理由として、神話が個人を超えた普遍的な心理を表現しているとすれば、それを取り上げることによってわたしたちに共通する心理を検討できるということがある。第二の理由としては、特にわが国の系譜的な神話を取り上げることによって、箱庭の象徴解釈と関係性との問題を体系的に検討できるという点がある。ここでは日本人の臨床家にとってもっとも身近な日本神話と、箱庭療法とを比較しながら検討してみよう。この点に関しては、国際箱庭療法学会や国際分析心理学会など、分析心理学領域の海外の学会でも多くの参加者から、系譜的に構築されているわが国の神話に高い関心が向けられる。日本神話は長い歴史経過のなかで、政治的な理由による神話の破壊が行われておらず、極めて系譜的で体系化された状態のままで保存されている。このため神話を、体系として検討するのに好都合である。

第三の理由としては、わが国の神話には宇宙論（コスモロジー）の視点が体系的に語られている点である。これも心理療法全般に言えることであるが、わたしたちのこころの傷つきが癒されるためには、こころの宇宙をもう一度組み立て直さなければならない[1]。わたしたちは日で見え、手で触れられる宇宙で生活していると同時に、イメージとして体験する「こころの宇宙」を生きている。このような視点でこころの世界を検討するとき、その取り組みが心理学的な宇宙論（コスモロジー）と呼ばれる。とりわけ箱庭療法では、箱のなかの砂を掘り下げて原初の海を作り、盛り上げて宇宙山を作るなど、宇宙を創造し、あるいは再構築する作業が実体的に行われる。神話は本来的に創造神話の性質を備えているものであるが、なかでも古事記や日本書紀で語られている日本神話は、宇宙の創造過程（コスモゴニー：cosmogony）を、系譜的かつ体系的に物語っている。

心理療法的な関係性

心理面接は治療者が、クライエントに対して、フロイト以来の中立性や分析の隠れ身など、心理療法という文化に特有の専門職業的な枠組み、つまりクライエントとのあいだに適切な距離をとるための、仕掛けを守りながら面接する。このような枠組みを前提にして、心理療法の文化が初めて成立する。面接の枠組みを守ることが、本書の議論の前提になっている。治療者は破壊的なものも含めて、精神内界ではさまざまな世界に対して、こころが開かれていなければならない。心理療法的な人間関係においてクライエントは、自分の過去の両親との関係など、これまでの人生における身近な対人関係を治療者に投影して、自身の課題に対して治療者との心理的なかかわりのなかで取り組もうとする。治療者もまた、クライエントからの投影を受けて、治療者側からのクライエントに対する投影が生じる。前者を転移と呼び、後者を逆転移と呼ぶ。

転移–逆転移関係は心理療法的な治癒の少なからぬ部分を担うものであり、その根底のところに血族関係リビドーが働いている。血族関係リビドーは、わたしたちが自分の肉親に感じるのと同じような愛着のこころを意味する。心理面接を継続することによって治療者は、面接の枠組みを守り、クライエントとのあいだに心理的な距離をとりつつ、クライエントにたいして血族関係リビドーによる親密さや、ときには怒りの情緒を感じ、その治癒を切実に願うようになる。血族関係リビドーについてユングは、「転移現象の核心をなすもの」[2]という。また彼は同じ箇所に、人に対するかかわりは自分自身のセルフ（自己）に対するかかわりである、という意味のことを語っている、血族関係リビドーについてユングは、その破壊的な側面については語っていないが、わたしたちがときに近親憎悪の気持ちを持つことがあるように、愛着の側面ばかりでなく、怒りや憎しみなどの破壊的な情緒も含むはずである。この点に関してわたしは、これまでにすでに論じたことがある[3]。血族関係リビドーはあくまでも精神内界の心理的な体験であるが、治療者はクライエントに対する血族関係的で愛着的なこころの動きばかりでなく、憎しみや怒りなどの破壊的な情緒についても併せて見つめ、抱え続けなければならない。治療者がこころのなかで肯定的な心理のみでなく、破壊的な血族関係リビドーを生きられてこそ、心理面接を妨げることになる過剰な血族関係リビドーを克服できるだろう。

対応関係の検討

クライエントとの箱庭療法を含む面接では、何が治癒を促進しているのだろうか。心理療法の世界では、クライエントの病気の原因や性格傾向を本人に気づかせること、つまり無意識なものを意識に上らせることによって洞察させ、治癒させるという考え方がある。物事を原因と結果の軸で見る因果論は、わたしたちの思考の根底のところにある。そのような思想は理性につながるものであり、もちろんゆるがせにはできない。しかし実際の面接場面では、このような考え方にもとづいて無意識的なものを意識化させようとして解釈を与えても，クライエントが実際に心理的な病気の原因と考えられるものや自分の性格傾向に気づいても，それのみではこころの傷つきや病は治癒しないことが多い。こころの傷つきは，わたしたちのパーソナリティや生き方に結びついている。しかも病気の要因がたとえ正確に解明されたとしても，生き方やパーソナリティのほうは変わることは困難である。

他方で，心理療法を行う際の視点として，因果論と対立するものとして目的論がある。目的論的な見方においては，このクライエントの傷つきの原因は何かと考えるのではなく，彼のこころはどのような目的を達成するために，このように傷つき苦しんでいるのかと考えるのである。目的論による見方は，因果論的な視点の対極をなす。目的論の見方からすれば，こころの傷つきを体験することも，それまで生きられなかったこころの半面を生きるという，目的にかなう試みでもある。たとえば不安障害や人格障害による苦しみもときには，こころの全体性を獲得するための目的にかなう，意味のある取り組みであるともいえるだろう。

さて，治療者が実際に行う作業を考える場合，さまざまに異なる心理領域の対応関係を検討するという発想がある（因果論的な見方も目的論的な視点も人間理解の視点としては重要だが，それらは面接の際の治療者の作業のあり方そのものについて述べているわけではない）。異なる心理領域は，対自的にも対他的にも存在する。つまりクライエントのこころに関与するときに，クライエントの異なる心理領域間の対応関係を検討すること，そしてクライエントの心理領域と治療者の心理領域との対応関係を検討するのである。ここでは無意識的なものの意識化を優先的に目指したり，もっぱら何のために傷ついたのかという目的に注目したりすることはない。互いに異なる複数の心理領域のあいだを比較検討し，それらの対応関係を検討することを通して，クライエントの今この瞬間におけるこころの動きが持っている，心理的な意味を発見しようとするのである。

複数の異なる心理領域のあいだの対応関係を検討する、という作業に重きを置いた心理面接について考えてみよう。クライエントと治療者のこころの動きに注目したとき、両者こころの動きは、自然発生的なものであるが、相互に影響を与えたり、与えられたりする関係にある。このとき両者のあいだに、後に述べるような、神秘的関与という力動が働く(4)。この力動については、ボーダーラインとの関連ですでに論じたことがある(5)。治療者は両者のこころの対応関係の検討を通して、クライエントが今この瞬間にこのような生き方をしている、そのことの意味を発見しようとする。そもそも、異なる心理領域とは何か、対自的に考えてみよう。わたしたちのこころのなかには、さまざまに異なる複数の心理領域がある。たとえば意識の領域と、夢や箱庭の領域について考えることができる。わたしたちが夜間に夢を見て、その内容を覚えていることがある。箱庭療法ではうまくいけば、内的世界が箱庭作品として表現される。その場合夢のなか、あるいは箱庭表現のなかの自分自身と、現実の自分との対応関係を検討する。このような二つの心理領域についての検討の作業を通して、特に日常の現実における自分とは異なる、夢や箱庭のなかの自分を発見する。必ずしも一致しない二つの領域の、それぞれの自分を知ることは、自分は今何を生きているのか、自分が生きていることにはどんな意味があるのか、ということを発見することにつながるだろう。このような作業に取り組むことによって、自身の幅を広げ、深さを深めることができる。

布置という発想

こころの対応関係の検討は、治療者とクライエントとの対他的な対応関係でも同様に行われる。わたしが治療者であるとすると、クライエントは他者であり、そのこころはわたしとは別の世界である。しかしわたしが捉えた、そして受け入れたクライエントは、わたしのこころで修飾されてはいるが、もうすでにわたしのこころの内部に存在する。つまりクライエントのこころは、わたしとは別個の存在でありながら、わたしとしてのこころの一部でもある。このように考えると、治療者としてのわたしのこころと、わたしのこころの一部としてのクライエントのこころについて、対応関係を内省的に検討することができる。治療者とクライエントとの対応関係の検討は、わたしのこころのなかの治療者、つまり「内なる治療者」と、わたしのこころのなかのクライエント、つまり「内なるクライエント」との対応関係に基礎を置いている。

対応関係による心理療法を基礎づけているのは、ユングによる布置（constellation）という発想である。ユングは一九〇九年、共同研究者による言語連想実験データを引用しながら、同一家族、たとえば母と娘、あるいは夫と妻のあいだで、連想パターンがときに共通であることを指摘している。[6] 家族メンバーの持っているコンプレックスが共通なために、それが実験現場に布置したと考えられるのである。ユングの布置という発想を、心理面接場面に応用してみよう。言語連想実験のような、同一家族成員ではないが、心理的に近い、つまり血族関係リビドーが働くような関係性を形成している治療者とクライエントには、同一家族成員間と同じように、一部に違いを含みながらも、互いに類似したこころの動きが布置することが考えられる。このような関係性を仮定すれば、治療者とクライエントとのあいだの相互的な影響、被影響関係は意識的にやり取りされるばかりでなく、次に述べる神秘的関与や、無意識的な布置という力動によっても運ばれることになる。

神秘的関与

わたしたちのクライエントとの関係性は布置というこころの動きばかりでなく、神秘的関与（participation mystique）という力動によっても直接的な影響を受ける。[7] 分析心理学者ユングは早くも一九二一年、[4]文化人類学のレヴィ＝ヴリュール（Lévy-Bruhl）の業績を心理学に応用し、未分化で原初的な対人関係の心理を、神秘的関与と呼んで重要視している。この当時、現在の箱庭療法は行われていなかったが、神秘的関与という心理は、クライエントの病理の有無や程度にかかわらず、箱庭療法における治療者クライエント関係の心理を理解するためにも重要と考えられるのでここで取り上げよう。

神秘的関与は、レヴィ＝ヴリュールに由来する術語である。神秘的関与は、他者とのある種特有の結びつきを意味する。つまりそれは、主体が自分を客体から明確に区別できないという事実によって成り立っている。結局、主体は直接的な関係性によって対象と結びつくが、その関係性は部分的な他者との同一性にまで達する。こうした同一性は、主体と対象とが先験的に同一であることから生じている。神秘的関与は、このような原初的状態の名残である。神秘的関与は、現代文明との接触の少ない人びとのあいだでは、しばしば見られる現象である。しかしそれは、同じ頻度と強さでは起こらないにしても、文明人のあいだでもまったく普通に認められる。対人関係における神秘的関与は、ある種の転移による関係性である。この場合の対象は原則として、主体に対して魔術的な、つまり有無を言わせぬ影響力を持っている。

ここでの神秘的関与という概念は、現代の「分割を伴う、投影同一化」の心理とほとんどまったく重なり合う。ユングのこの発想は、メラニー・クライン[8]における投影同一化という発想を先取りしたものだといえるだろう。しかしユングとクラインのあいだで明らかに異なるのは、投影同一化が生後の母子関係のなかで新たに生じるのに対して、神秘的関与はすでに赤ん坊が生まれたときから、母子のあいだに本能的なものとして内在していると考える点である。

神秘的関与の力動は、箱庭療法における治療者とクライエントとの関係性においても、絶えず作用している。神秘的関与にもとづいた、クライエントによる治療者への影響力は、確かに「治療者を動かす力」である。ユングが神秘的関与の定義として述べているように、この心理は治療者にとって、クライエントからの魔術的な影響力であるということができる。

魔術的な影響力

わたしたちが箱庭療法における治療者とクライエントとの関係性において、このような魔術的な影響力、つまり神秘的関与の心理によってからめとられないようにするためには、どうすればいいのだろうか。もちろん、治療者とクライエントとのあいだの神秘的関与は相互的なものであり、クライエントばかりでなく治療者もまた彼らに対して、しばしば魔術的な影響力を及ぼしているだろう。

治療者としてクライエントとのあいだに過剰な神秘的関与の関係を形成しないために、あるいは治療者がクライエントからの神秘的関与の影響を受けつつ、治療者として機能し続けるためにはどうすればよいのだろうか。その留意点としては先ず、フロイト以来の禁欲規則や、治療者の中立性など、心理療法における外的枠組みを大切にすることが挙げられる。外的枠組みの尊重はどのような心理療法技法においても必須のことであり、箱庭療法でも、枠組みを守ることの重要性は変わらない。さらにこのことに劣らず大切なことは、過剰な神秘的関与を克服するために、治療者がクライエントとのあいだに心理的な切断を行うことができる能力を身に着けることであろう。

このような神秘的関与の力動は、以下で取り上げる日本神話におけるイザナキとイザナミのペア、スサノヲとアマテラスのペアの、相互のあいだでも作用していると考えられる。そこでは過剰な神秘的関与を克服するために、ペアを構成する両者のあいだにおける切断、あるいは切り離しが課題になる。

日本神話と「見るな、の禁止」

箱庭療法では、クライエントが作品を作る箱が、治療者とクライエントのあいだにある。これは面接室のなかの目に見える外的現実であるが、心理的な治癒が生じるためには、この箱が両者の中間領域にあって、心理療法的な容器にならなければならない。言葉を変えれば、治癒のための目に見えない箱が心理療法的な容器として、治療者とクライエントとのあいだに布置する必要がある。治療者とクライエントとの、こころの動きの対応関係を検討することが、心理的な容器としての箱庭の布置を促進すると考えられる。

箱庭療法は心理面接の方法であり、治療者とクライエントが相互の心理的な関係を体験することによって機能する。したがって両者の、心理領域間の対応関係を検討することが、作業の基本となる。ここでは箱庭療法事例の実際には触れないが、その代わりに日本神話における、神々相互の関係性を検討する。わたしたちのこころは、神話によって基礎づけられている。神話はまた箱庭療法を含む心理療法の、治療者とクライエントの関係性をも基礎づけているだろう。ここでは神々の関係性を通して、心理療法的な関係性を考える。古事記を資料とする、イザナキとイザナミという二神一組における相互の関係性、さらにはその次の世代における、スサノヲとアマテラスのあいだの相互の関係性について検討する。これら神々の二代にわたる相互関係を、箱庭療法における治療者‐クライエント間の相互関係に見立てて検討してみよう。

わたしたちは、いったい何者なのか。どこから来て、今どこにいて、これからどこに行こうとしているのか。日常的な忙しさに関心が奪われているように見えても，こころの根底のところでは，このような根源的な問いに突き動かされて生きている。問いかけに根底のところで応えてくれるのは，文化が長いあいだ育んできた神話である。個人の思想や信条や宗教的な背景によって，人生を基礎づけている広義の神話には，さまざまな相違があるだろう。しかしここでは，わたしたちの文化を深層において規定し，古代から文書の形で残されている神話，すなわち古事記や日本書紀の伝承を取り上げよう。

古事記に語られている宇宙は，次のような経過で創造される。すなわち，天上の神々に命じられて，男神イザナキと女神イザナミが，最初の大地を創出する。イザナキとイザナミはそれぞれ兄と妹であるとされている。これら二神は天地を結ぶ橋の上に立ち，神々から与えられた「天の沼矛《アメノヌホコ》」という矛を用いて，原初の海を攪拌《かくはん》した。その結果，かき回した天の沼矛の先端から海水が滴り落ちて固まり，オノゴロ島という国土が生じる。この島にイザナキとイザナミが降り立ち，天の御柱の存在を想像しながら，その想像上の柱の周りの周回の後，象徴的な聖婚が行われる。その結果，さまざまの島々からなる国土と神々を生み出す。その終わり近くに，火の神カグツチが生まれる。カグツチを生んだイザナミは，陰部を火に焼かれて死んでしまう。母神イザナミは死んで夫のイザナキと別れ，地下の黄泉の国に赴く。

イザナキは黄泉の国まで，亡き妻のイザナミに会うために出かけ，地上の世界に戻ってくれるようにと頼んだ。イザナミは黄泉の国の神に相談するからしばらく待ってくれるように，と夫のイザナキに言い，その間は「わたしを見ないでほしい」と頼むのである。しかしイザナキは「見るな，の禁止」を守ることができずに自分の髪に挿していた櫛の端に火をともし，イザナミの死体を見てしまう。そこには蛆虫がたかり魔のがついているイザナミの姿があった。イザナミの死体としての現実を見てしまったイザナキは，恐れをなして地上に向けて逃げ帰ろうとする。イザナミは「よくもわたしに，辱をかかせたな」と叫んで，手下の女鬼たちを使って、イザナキを追いかけさせた。イザナキは必死に逃げながら髪飾りのかづらや櫛を放り投げる。するとそれらは山葡萄や竹の子に姿を変え、女鬼たちがそれを貪り食っているあいだにイザナキは脱出しようとする。イザナミはさらに雷神たちに、黄泉の国の軍勢を添えてイザナキを追わせる。それでもイザナキを捕まえられないので最後には、イザナミ自身が追いかける。ついにイザナキは、黄泉の国と地上との境まで逃げ帰り、その境界に巨大な岩を置いて塞ぐ。二神は互いに絶縁を宣言する。一連の経過によって、死の領域と生の世界は初めて分化した。

神話や昔話における「見るな、の禁止」は、必ず破られることになっている。しかし神話上で破られるからといって、箱庭療法や心理療法においては、治療者はクライエントの「見ないでほしい」という願いをおろそかにしてはいけないだろう。これは心理療法における中立性や禁欲原則を、象徴的に表現していると考えられる。わたしたちは神話を、逐語的に理解してはならない。治療者はクライエントとのあいだに適切な距離をとり、クライエントの領域を行動として侵害してはならない。このように考えると、「見るな、の禁止」が持つ心理療法的な意味が見えてくる。心理面接には必ず、心理的に「見るな、の禁止」を侵犯するという側面が含まれているから、治療者はそれをいかに自覚するのかが問われる。

「傷つけ、傷つけられる」関係

箱庭療法のクライエントは治療者に対して、作品を作っているあいだは見せないで、出来上がってからは見ることを許すことがある。わたしが箱庭を用いた面接を行うときには、クライエントが制作中に許可されるか否かにかかわらず、その作りつつある途中を見ず、自ら瞑想の活動に取り組むようにしている。治療者の心理療法的な瞑想活動の箱庭療法的な意義についてわたしは、これまですでに明らかにしている。[9] わたしは通常はクライエントが箱庭を作っているあいだは、クライエントの作りつつある姿と作品とを見ず、作り終えた後で初めて、クライエントの許可を得て、作品を見せてもらうようにしている。心理療法的な瞑想と箱庭療法との関連性については、次の章で詳しく取り上げる。

見ること、つまり面接をすることは相手を侵害することであり、見る対象を傷つける。このことを出発点として、援助対象との「傷つけ、傷つけられる」関係について考えてみよう。[10][11][12] ギリシア神話において、テーレポスが得たアポローンの託宣「傷を与える者にして、初めて癒すことができる」[13] は、実に含蓄のある言葉である。心理療法家は面接場面でもっぱら癒しを与えようと願っており、クライエントを傷つけようとは考えない。しかし二人の人間が対人関係を持つときは必ず、両者はお互いに愛着を向け合うだけでなく、傷つけあう存在にもなる。これはおそらく、例外のない経験的な事実であろう。もしもわたしたちが、互いに傷つけあう存在である、という事実を否認するなら、心理療法は成立しない。その場合わたしたちは、対人関係を通して癒されることは、考えられないであろう。

このことは、心理学的にどのような意味を持つのだろうか。もちろんわたしは、心理療法において治療者が、クライエントを傷つけることを奨励しているわけではない。しかし「傷つける」ということがなければ、「癒される」ということもまた存在しない。強調しておきたいのは、治療者にとって「傷を受ける」ということの側面だけでなく、「傷を与える」という側面に対して、こころが開かれていることの大切さである。自分自身の加害者としての部分に気づかない人は、心理的な援助者として機能することは困難である。

コスモゴニーの進展

コスモゴニー（cosmogony）とは、宇宙の創造過程である。神話における神々のペアを取り上げて、相互の対応関係を検討してみよう。黄泉の国から地上に帰還したイザナキは、黄泉の国で体験した汚染から身を清めるために、海水で禊を行う。このときイザナキが左目を洗ったときに誕生するのが、あるいは日本書紀の一書では、イザナキが左手に白銅鏡を持ったときに生まれるのが、太陽の女神アマテラスである。次に右目を洗ったときに生まれるのが、月の神ツクヨミである。次いで、鼻を洗ったときに生まれたのがスサノヲであった。スサノヲは古事記では海原を統治の領域とするが、日本書紀では地下の根の国の支配者とされる。また彼の出生後の地上での振る舞いから、嵐の神ともされる。姉のアマテラスは天上へ登り、高天《タカマ》の原《ガハラ》の支配者になる。弟のスサノヲは、いつまでも未成熟で、世界の秩序を壊す乱暴者であった。すなわち父のイザナキから命じられた海原を統治せず、あごひげが胸先に伸びる年齢になるまで、つまり大人になっても泣き喚き、緑の山々を枯れ山にしてしまうほど破壊的であった。スサノヲは亡き母のいる、地下の「根《ネ》の《ノ》堅《カタ》州国《スクニ》」に行くと主張する。このため父のイザナキが怒って、スサノヲを地上の世界から追放することになる。

スサノヲは根の堅州国に赴く前に、高天の原を支配する姉のアマテラスに会おうとして天上に上る。この高天の原において、「聖域を侵害するスサノヲと、侵害されるアマテラス」、あるいは、「傷つける者としてのスサノヲと、傷つけられる者としてのアマテラス」という関係性が生じる。姉のアマテラスは弟スサノヲを高天の原の、天《アマ》の《ノ》安河《ヤスカワ》に迎え、彼が国を奪いに来たものと疑う。両者は、天の安河を挟んで対決する。スサノヲはその疑いを晴らそうとして、彼の提案によってアマテラスとのあいだに「うけひ」が行われる。つまりスサノヲが正当性を主張するために、占いがなされる。両者による象徴的な聖婚によって「こころが清らかな」女児を生んだほうの主張が正しい、とされたと考えられる。(14) 実際の子生みでは、スサノヲがアマテラスの身につけた珠を受け取って口のなかで噛み砕き、高天の原の井戸に霧として降り注ぎ、その霧のなかから生まれたのが、オシホミミをはじめとする五柱の男神たちである。なおこのオシホミミは、後に天孫降臨の主役となるホノニニギの父である。アマテラスは同様に、スサノヲが腰にさしていた剣を受け取って三つに切断し、口のなかで噛み砕き、先の井戸に霧として降り注ぎ、その霧のなかから、タキリビメをはじめとする三柱の女神が生まれる。

侵害する者とされる者

この出産の後、五柱の男神と三柱の女神がいずれに所属するかが、アマテラスから告げられる。つまり、男神はアマテラスが身につけた珠から生まれたのでアマテラスの子どもとし、女神はスサノヲの身につけた剣から生まれたのでスサノヲの子とする、というのである。アマテラスはあえて自ら女児を自分の子としないことによって、うけひに負けるほうを選択しているように見える。彼女のこの選択は、以下に述べるスサノヲに対する自罰的な態度に通じる。

スサノヲは占いの勝負に勝ったから、自らのアマテラスの領域を奪うような邪心がないことが証明されたとして、高天の原において乱暴狼藉を働く。これはアマテラスに対する、聖域侵犯であった。スサノヲは、アマテラスに対して米を献上するための田の畔《あぜ》を壊し、溝をうずめた。また収穫祭である大嘗祭が行われる、大嘗殿を糞便で汚す。アマテラスはこうした聖域侵犯に対して、自身が侵害されたにもかかわらず、「酒に酔ったために大嘗殿を汚し、田を広げるために畔を壊し、溝をうずめているだろう」とスサノヲをかばった。

しかしスサノヲによるアマテラスに対する侵害は、いっそう強くなる。いずれにしてもスサノヲによるアマテラスに対する侵害（六五ページ参照）によって、つまりアマテラスが機織女の死ぬところを見たために、あるいは彼女自身が自傷して、その結果アマテラスは天の岩屋戸にこもってしまう。これによって高天の原も中国《ナカツクニ》も暗黒になり、あらゆる災いが生じた。

心理療法では、治療者とクライエントのあいだに関係性が成立すると、クライエントの傷つきは両者の関係のなかで取り扱われる。したがって象徴的にはしばしば、治療者がスサノヲの、クライエントがアマテラスの役割を取ることになる。

スサノヲの内的作業

アマテラスを侵害した、スサノヲの身の上に戻って考えてみよう。アマテラスの天の岩屋戸こもりの原因を作ったスサノヲは、神々による相談の結果、彼の罪を祓うためにひげと手足の爪を切られ、高天の原を追放される。追放されたスサノヲは地上（中国）の出雲に降り、その地でクシナダヒメを救うために、ヲロチ退治が行われる。

破壊者としてのスサノヲが高天の原を追放された後に、中国の出雲に降り、文化英雄として、地域社会の宇宙的な秩序の回復のために貢献する。スサノヲが戦ったヲロチは、宇宙を混乱させるカオスそのものを象徴しているだろう。八つの谷と八つの尾根にまたがる、巨大なヲロチを倒すことによってスサノヲは、幼児的で攻撃的で、聖域侵犯を行って社会の秩序を破壊していた存在から、大きく変容して文化英雄となった。スサノヲはヲロチの尾から霊剣を発見し、これをアマテラスに献上する。この剣が草那芸の大刀《クサナギノタチ》（日本書紀では、草薙の剣《クサナギノツルギ》）となり、後のホノニニギによる天孫降臨の際に、鏡、八尺の勾玉と共に、三種の神器の一つとして伴われて、地上に降下する。つまり、王権の神器になる。

スサノヲはさらに、自身の内的な自己実現の課題に取り組み続ける。彼は後に、出雲の地から地下の根の《ネノ》国《クニ》（先に出てきた、「根の堅州国《ネノカタスクニ》」とは呼び方が異なる）に赴く。根の国でスサノヲは、父親としてのアイデンティティーを獲得する。異母兄弟たちからの攻撃を逃れて根の国にやってきたオホナムヂは、スサノヲの娘スセリビメと結婚する。この際に娘婿のオホナムヂに対して四つの試練を、つまり出雲の王となるためのイニシエーション儀礼を施すのが、厳しい父親としてのスサノヲである。

アマテラスの内的作業

ここではアマテラスがスサノヲの侵害を怖れてこもった天の岩屋戸のなかで、どのような課題に取り組んだのかについて考えてみよう。アマテラスがスサノヲの侵害のために天の岩屋戸にこもると、すべての宇宙は暗闇となり、あらゆる災いが生じる。これは神々や人びとにとって大きな困難であり、決定的な危機だった。しかしアマテラスにとっては、自らの内的な課題に取り組むための大切な機会となる。わたしたちの自己実現にとって、苦悩することは必ずしも否定的なことではないのである。

スサノヲが高天の原に上ってきたとき、アマテラスは彼女の支配領域が奪われることを警戒して、武装して彼を迎えた。しかしアマテラスはその後、スサノヲの聖域侵犯に対して抗議することができず、乱暴狼藉を許してしまう。アマテラスは正当な怒りを対象に受けることができず、むしろ加害者に同一化する。ここには自罰的な、わが国の文化的傾向が見られるかもしれない。また神聖な機織の建物を傷つけられたことで天の岩屋戸こもる様子からは、極めて傷つきやすくナイーヴな女性であることが見て取れる。

アマテラスが高天の原における真の支配者になるためには、ナイーヴな傷つきやすさから変容する必要があった。わたしたちの主題から言えば、スサノヲとアマテラスのあいだの「傷つけ、傷つけられる」関係から「癒し、癒される」関係に変化するためには、アマテラス自身が彼女の内的課題に取り組まなければならなかった。その課題として、第一は怒りを生きられるようになることであり、第二は大人の成熟した女性を生きられるようになることであろう。さらに第三の課題として、母親のイザナミが十分に受け入れることができなかったと考えられる、死を体験することであっただろう。第四の課題は、超越者として霊的な能力を身につけることであろう。アマテラスは暗黒の、天の岩屋戸のなかにこもる。高天の原における暗闇は、黄泉の国における暗黒とよく似ている。アマテラスの衣を織る機織女が死に、その結果アマテラスが天の岩屋戸に入ることによってますます、天の岩屋戸の内部が死の領域に近づく。このように見ると、アマテラスは天の岩屋戸にこもることにより、超越的に黄泉の国に移動したと解釈することができよう。アマテラスは出生前の母であろう、イザナミに同一化したともいえよう。イザナミのイザナキに対する追跡に見られるように、アマテラスは同一化によって、原初的な怒りと攻撃性を生きられるようになったのではないだろうか。傷つきやすかったアマテラスはこのとき、なお未分化な攻撃性を身につけただろう。しかし彼女は、後に登場する女神アメノウズメから、自分を守るための分化した攻撃性を獲得したと考えられる。

これらのうち第一の怒りの課題については、イザナミとの同一化ばかりでなく、以下に登場するアメノウズメから得た。第二の課題についても、これから登場する、異性である三柱の男性神と女神アメノウズメの働きが必要であった。第三の課題については、天の岩屋戸における暗黒での取り組みによってなされた。天の岩屋戸のなかの暗黒を耐えることができたということは、死を生き抜いたともいえる。第四の課題のためには、霊的なものと交流するシャーマンとしてのアメノウズメの存在が大切である。アマテラスが象徴的に死を体験することは、高天の原の至上神として再生するために必要であっただろう。

あいだの神々

古事記における物語の展開を、神々相互の対応関係に焦点をあてて、時間経過を組み立て直して考えてみよう。すなわちスサノヲの成長と変容の仮定を、アマテラスの自己実現過程と対応させて検討する。アマテラスが天の岩屋戸から出現し、宇宙が秩序を回復するという過程は、その大筋は次にようになっている。まず男神アメノタヂカラヲが、天の岩屋戸の戸口のところに隠れて立つ。女神アメノウズメは神々の前で、神がかりして半裸で、桶の上を足で踏みならしながら踊りを踊る。神々はこの踊りを見て哄笑した。踊りに伴う音や神々の笑い声を聴いて不思議に思ったアマテラスは、天の岩屋戸を細めに開いてアメノウズメに、「自分がこもっているために、高天の原の中国も暗闇になっているはずなのに、アメノウズメは踊りを踊り、神々が楽しそうに笑っているのはなぜか」と尋ねる。アメノウズメは「あなたよりももっと高貴な神がいるので、楽しくて笑っているのです」と答える。

女神アメノウズメは、シャーマンと考えられている。アメノウズメは半ば裸で踊るエロス的なイメージばかりでなく、「面勝つ神」として、顔の表情によって敵に打ち勝つ強い女神とされる。このためアメノウズメは後に、アマテラスの皇孫ホノニニギが中国の王として降下するとき、ここに登場するアメノコヤネ、フトダマらとともに、護衛をつかさどる五柱の神の一柱として活躍する。アメノウズメはかくして、自分を守るための攻撃性をも備えている。

このとき男神アメノコヤネとフトダマはアマテラスが細めに開けた戸口に対して、八尺鏡を差し出す。この鏡で自分の姿を見たアマテラスは、おそらく映った姿が自分であるということがわからず、「いよいよ、不思議だ」と思って戸口に少し出てきたときに、アメノタヂカラヲが彼女の手を取って外に引き出した。またフトダマは、天の岩屋戸の戸口に尻くめ縄という縄を張り渡し、再びアマテラスが天の岩屋戸に入ることを禁じた。このような経過を経て太陽の女神アマテラスが高天の原に再び現れるとともに、暗闇が続いた高天の原も中国も明るさを回復し、癒されたのである。

治癒を媒介するもの

スサノヲとアマテラスを媒介するものは、アメノウズメだけではない。鏡と三柱の男性神たちは、アマテラスの出現に重要な役割を果たした。これらの三柱の神々はおそらく、根の国にいるスサノヲと高天の原のアマテラスとの中間的な存在として、同じく中間的な神格であるアメノウズメと協力して、アマテラスを天の岩屋戸から誘導し、再び天の岩屋戸に逆戻りさせないために、重要な貢献をした。アメノタヂカラヲらの三神は、スサノヲとアマテラスのあいだにあって、女神アメノウズメとともに中間的なものとして機能するために、女神とバランスをとるためにも、男性神でなければならなかっただろう。

八尺鏡についても、心理面接の体験から考えてみよう。この鏡には、スサノフとアマテラスを媒介するものとしての機能があると思われる。わたしたちは他者に向き合うことによって、その関係性のなかで、自分自身を振り返ることができる。このような鏡の機能は母親と、赤ん坊との関係のなかに見ることもできる。赤ん坊は母親の眼を鏡として見ることによって、初めて自分白身を発見する。子どもにとって母親は「重要な他者」であり、同時に母の存在によって自分の本質を知る。結局、象徴的な鏡は経験的に、わたしたちにとって重要な他者としての機能を果たすといえよう。鏡のなかに見えるものは、きわめて本質的なわたしたち自身である。アマテラスがアメノコヤネとフトダマの差し出す鏡で自身を見たとき、鏡に映る姿を自分とはわからなかったと考えられる。アマテラスは天の岩屋戸のなかで自己実現の過程を進めたために、変容した自分自身の本質をすぐには認めることができなかったのであろう。彼女はその姿が自分だとわからなかったために、「いよいよ不思議だ」と思ったのである。

女神アメノウズメは、アマテラスが天の岩屋戸から出るために、大きな役割を果たした。ナイーヴで傷つきやすい、未成熟な女性を生きていたアマテラスに対して、アメノウズメはエロス的に、半ば裸で踊りを踊ることによって、象徴的に大人の女性を生きて見せた。神懸かりして半裸で踊るアメノウズメは、未成熟で乱暴者の男性神スサノヲと、天の岩屋戸にこもる前の同じく未成熟なアマテラスとを媒介する存在であろう。アメノウズメはアマテラスの、女性としての成熟を媒介するだけではない。それに劣らず、アメノウズメが桶の上で足を踏みならして音を立てながら踊る姿と神々の哄笑から、高天の原の空気を聖なるものへ一変させたことに意味があるだろう。さらにもうひとつ大切なことは、アメノウズメが神懸かりすることによって、アマテラスが超越的なものと密接なかかわりを獲得したということである。

このように見てくると、アメノタヂカラヲら三神と鏡、さらにアメノウズメは、新たにスサノヲとアマテラスとのあいだの場所に登場している。天の安河原において、両者が距離を置いてかかわることができる場、あるいは容器が生じる上で、中間的な存在は大きな役割を果たした。三神たちとアメノウズメは、スサノヲとアマテラスを媒介することによって、両者の癒しを促進する。スサノヲとアマテラスがそれぞれ自身の課題に取り組むとき、両者に対応関係が生じる。この対応関係を検討することによって、男性神の三神とアメノウズメという中間的な神々が両者のあいだの領域、あるいは「あいだの容器」のなかに布置する。このとき中間的な存在が、スサノヲとアマテラスとを媒介することによって、傷ついたアマテラスは直接的な働きかけによらず、自然発生的に癒される。スサノヲもまた、離れた場所である根の国において、自己実現を進めたと考えられる。

自然発生的な治癒

神々のペアにおける関係性を論じるだけでは、箱庭療法における自然発生的な治癒について理解を得ることは容易ではないため、ここで箱庭療法の実際に触れておきたい。しかし特定の事例について取り上げるのではなく、個人を超えた、治療者とクライエントとのあいだの一般的な関係性の特性から、箱庭療法の本質について検討してみたいと思う。

箱庭療法でも、心理療法的な関係性が成立しなければ治癒は生じない。この心理療法的な関係性については、スサノヲとアマテラスがそうであったように、「傷つけ、傷つけられる」関係を体験しなければ、「癒し、癒される」関係もまた期待することができない。これらのお互いに対極的な二つの関係性は、おそらく同時発生的に、わたしたちのこころに布置するのであろう。人と人との関係は必ず互いに傷つけあうという側面を含んでおり、このような加害の心理を抜きにした関係性についての議論は偽善的で、人間のこころの真実からかけ離れたものになってしまう。

たとえば治療者はときに現実的な事情のために、クライエントとの規則的な継続面接をキャンセルせざるを得ないことがある。このような場合、箱庭療法のクライエントは、治療者のやむをえない状況を理解しながらも、そのようなキャンセルに対して怒りを感じることが考えられる。しかもクライエントは治療者がやむをえない事情で休まなければならないことはわかっているので、その怒りの体験は複雑なものになる。箱庭療法において、真に重要なことは何であろうか。常識的にはクライエントに対して血族関係リビドー、つまりもっぱら好意的なこころを持つことが治癒を促進すると考えられている。しかし、これは必ずしも正しくない。自然発生的な治癒を促進するためには、これまで述べてきたことであるが、その対極をなす「傷つけ、傷つけられる」関係にこころを開くことがどうしても必要である。

クライエントがたとえば、箱庭の中央に樹木を一本と、潅木に囲まれた母牛を置いた場合を考えてみよう。このとき治療者はクライエントがこの作品を制作するところを見ず、心理療法的な瞑想活動のなかで、自身の個人的な、愛着と怒りを伴う母子関係について思っていた。そしてクライエントは、箱庭を作ってから、木の幹にナイフで彫り込みを入れることによって、「森のミルク」と呼ばれる樹液を得る、というファンタジーを語る。ここではクライエントが、一本の大きな樹木で表わされる、治療者像に対してナイフで傷つけるという、象徴的で加害的な体験をすることによって、ミルクという愛着を伴う母子体験を獲得し、癒しを体験したのではないだろうか。なおこのとき、治療者もこころのなかで、愛着に対してばかりでなく、自身の親子関係に関する怒りの体験にこころを開いていた。わたしたちのこころのなかの「傷つけ、傷つけられる」関係は、「癒し、癒される」関係が生じるために欠かせない。これらの対極的な関係性に対して、治療者がともにこころを開くことが、自然発生的な治癒の基盤になるのである。

親密さと疎隔

これまで検討してきた、イザナキとイザナミ、スサノヲとアマテラスの神話について、心理療法の視点からまとめてみよう。イザナキとイザナミとが象徴的な聖婚、つまり心理的な親密さを体験することによって、最早期段階の宇宙の創造、つまり天地の分離がなされる。両者のあいだに働いているこころの動きは、血族関係リビドーだと考えられる。それにしても、わたしたちの文化には近親相姦禁忌が存在するそれにもかかわらず、神話では宇宙創造が重大な段階にあればあるほど、近親間の婚姻が行われるのはなぜなのだろうか。おそらくそれは、わたしたちのこころに何か新しいものが生まれ癒されるためには、血族関係リビドーが働かなければならないからだと思う。血族関係リビドーの働きを現実にではなく、象徴的に表現したものが、神話における象徴的な近親婚ということになる。現に心理面接においても、象徴的で心理的な親密さを体験しなければ、心理面接は進まないのである。

神話の世界において血族関係リビドーは、半面の働きしか果たさない。ペアの間にもしも近しい親密さのみがあって、両者のあいだに心理的な距離を取ることがなされなければ、こころの宇宙における創造過程は進まない。創造過程が進展するためには、ペアをなす二つの神格が両者のあいだの切断によって十分な距離をとり、互いに対決し、それぞれが自身の課題に取り組むことが必要である。つまり二者関係には、対決や切断を含む疎隔もまた必要である。イザナキがイザナミによる「見るな、の禁止」を侵犯することによって、両者は「傷つけ、傷つけられる」関係を成立させる。わたしたちは「見るな、の禁止」を犯してはならないが、こころを分化させるためには、それを犯さざるをえない。ペアのあいだに「癒し、癒される」関係が生じるためには、次の世代のスサノヲとアマテラスによる、さらなる「傷つけ、傷つけられる」という取り組みが必要であった。

スサノヲとアマテラスは、先代の「傷つけ、傷つけられる」関係を繰り返す。つまり、前者が後者の領域を侵害することによって、両者は相互に距離をとるようになる。わたしたちのこころが癒されるためには、治療者とクライエントは血族関係リビドーによる親密さばかりでなく、矛盾しているが、両者は過剰な神秘的関与を乗り越えるために切断によって、あいだに必ず距離を保っていなければならない。心理的距離の近さと遠さは、次元は違うけれども、ともに必要だと考えるべきであろう。スサノヲとアマテラスが「傷つけ、傷つけられる」関係ばかりでなく、「癒し、癒される」関係を体験するためには、両者はあいだを切り離すことによって距離をとり、自分自身に取り組まなければならない。箱庭療法家もまた、クライエントから切り離されて、自ら個性化（自己実現）の過程に取り組むことが求められる。クライエントが箱庭を作っているときの心理療法的な瞑想は、このために行われるのである。

中間的なものの役割

血族関係リビドーが働きながら、しかも距離を置くことができるスサノヲとアマテラスのあいだには、両者を媒介するものとしての三柱の男性神とアメノウズメが登場する。ペアの一方の当事者であるスサノヲは高天の原から追放された傷つきを、出雲においてヲロチ退治を行って癒し、クシナダヒメと結婚する。このような動きはスサノヲの自立への前進であるが、彼は単にイザナキとイザナミという両親から自立しようとするだけでなく、地下の根の国に移動してからは、さらなる個性化が進められる。娘スセリビメの婿となったオホナムヂ（後のオホクニヌシ）に対して試練を与え、彼が出雲の王となるためのイニシエーション儀礼を施す。これによってスサノヲは、次の世代を育成するという生涯の課題を果たした。スサノヲにおける個性化の力動と、アマテラスの天の岩屋戸での自己実現は、中間領域あるいは「あいだの容器」のなかに、あいだの神格を生じさせる。スサノヲとアマテラスのような、対応関係にあるペアの一方における自己実現の力動は、男性三神とアメノウズメという、中間的なものに媒介されて、他者にも布置的に伝わる。

アマテラスの自己実現は、スサノヲにおける個としてのそれとは、異なるものであった。彼女はわが国のパンテオンの至上神となり、宇宙の中心的な機能を果たすようにならねばならない。これはアマテラスが、全体的な存在になるということでもある。女性としての身体を備えていながら、超越的で霊的な存在になる。受身的な性質を持ちながら、攻撃的にもなることができる。傷つきやすいが、自分を守ることもできる。アマテラスにおける全体的な存在への変身は、スサノヲとアマテラスの中間領域、あるいはあいだに生じる「あいだの容器」のなかで、三柱の男性神たちと女神アメノウズメによって、疎隔していたスサノヲと彼女が媒介されることによって生じた。男性三神とアメノウズメとは、中間的な存在として、スサノヲとアマテラスの両者に自己実現の力動が布置するのを助けたと考えられる。

わたしたちが取り組んでいる対応関係の箱庭療法においては、治療者とクライエントが心理的な親密さを体験し、次元は異なるが、同時に切断によって十分な心理的距離をとり、それぞれが自身の個性化に取り組まなければならない。さらに治療者が、両者のこころの対応関係を検討するという作業を行うことによって、両者のあいだの領域、あるいは「あいだの容器」のなかで、新たに中間的なものが生じるとき、それに媒介されてクライエントのこころに、そして治療者のこころにも、治癒の力動が布置されるだろう。箱庭療法の場合には、この「あいだの容器」が、すなわち箱庭の箱に相当する。

第4章 治療者の態度

新しい箱庭療法の面接構造と方法

ここでは「新しい箱庭療法」におけるセラピスト（治療者）の態度について筆者（大住）が日頃行っている臨床の内容に則して考えてみよう。最初に「新しい箱庭療法」は筆者の場合はどのような構造と方法で行われているのか簡単に説明する。まず、面接時間は（心理療法一般にあてはまることと思われるが）一セッションが五〇分である。そこでの心理療法の流れは、幼児や児童の場合にはプレイセラピイの一端として箱庭に移行する場合が多く、セラピストはクライエントが箱庭を置いている間は、少し離れた場所に座って箱庭を直接見ないで想像活動（瞑想）に集中する。思春期から成人までのケースでは、面接用の椅子に位置を移動してセラピストとクライエントの双方が向かい合わないように座る（図A）。そして、五〇分の流れのなかで、ほぼ二〇分程度をクライエントのエピソードを聴きながらセラピストが想像活動を行い、残りの三〇分を箱庭の制作にあてる。クライエントが箱庭制作中はセラピストが後ろ向きになり想像活動に集中する。箱庭の制作が終了すると合図をしてもらい、作品を見せてもらう。作品の説明を聞く場合もあるがそれをクライエントに強制することはない。ただし、ここでもセラピストは作品を観て、何か心に浮かぶ場合に

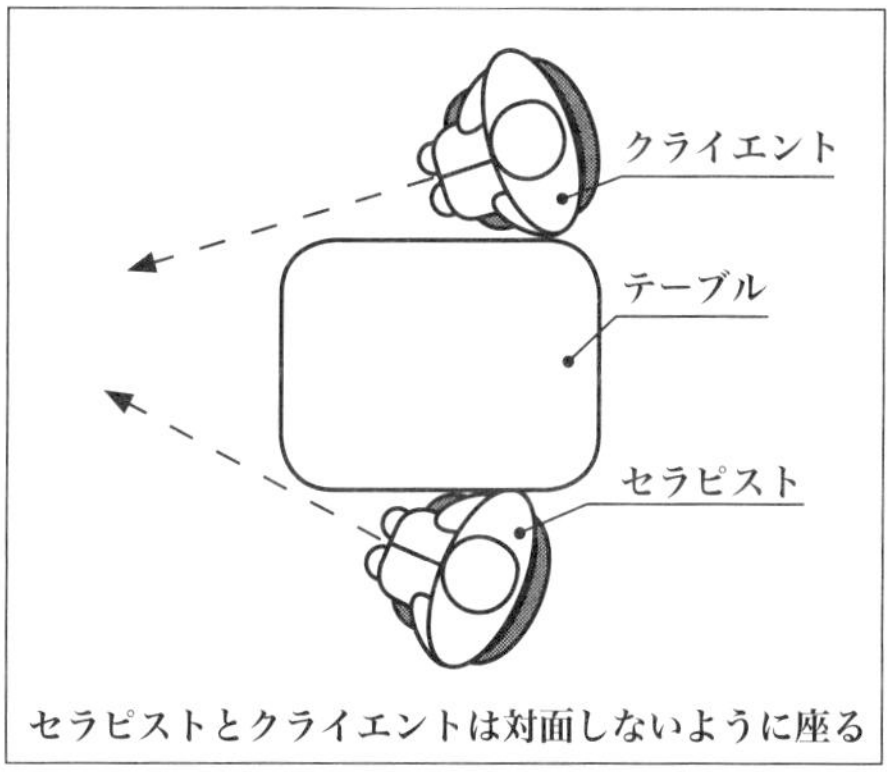

図A　セラピストとクライエントの位置関係

は記録する（セラピストは終止一貫して自然発生してくるイメージや想念を記録する）。以上述べたような方法での箱庭療法を始める前には必ず「ここでの心理面接は五〇分です。そのうちの約二〇分ぐらい、あなたの心に浮かぶことを話して下さい。もちろん強制ではありませんから、何も浮かばない場合には沈黙されていても結構です。そして、残りの約三〇分くらいを、箱庭療法にあててください。箱庭ではあなたが自由に楽しんでください。気にいった物を置いて砂遊びを楽しんでください。何も置きたくなかったら、砂の感触を楽しむだけでけっこうです。私の方ではその間ずっと瞑想しています。セラピストとクライエントが共にできるだけ自由に心の世界に遊ぶことが、ここでの心理療法の特徴です」と説明する。

ここまででも明らかなように「新しい箱庭療法」においてはクライエント（特に思春期から成人）にセラピストが半ば意識的にイメージの世界に誘導していくことに特色がある。一見操作的で意図的な印象を与えるかもしれないがそのことが逆説的にセラピスト、クライエントが共に自由にイメージの世界に遊び、お互いが無意識的に交流しあえる非操作的な空間を保証するのである。

「新しい箱庭療法」が成立する条件としての治療者の心理的態度

これまで述べたように、「新しい箱庭療法」をすすめてゆく上で最も大切なことは、まず、セラピスト自身がどれだけ想像活動に集中できるか、心のなかに自然発生してくるイメージや想念に注意を向けられるかであると考える。セラピストが想像活動に専念できればできるほど、クライエントにとってセラピストは非侵入的な存在となり、かつ「守り」にもなる。そして面接室の空間全体がカルフのいう「自由で保護された空間」になり、セラピストもクライエントも共に自由に心の世界に遊ぶことが可能になってゆく。

以上のようなセラピストの態度は、織田のいうようにすこぶる内向的な態度であると言えよう。ただし、一般にはセラピストが内向的態度に徹することには困難がつきまとうことも事実である。理由のひとつには、セラピストだけでなくわれわれ自身に常識となっているある種の「思考の傾向性」に妨げられるためである。筆者はあえて「思考の傾向性」とよんだが、これは「セラピストがクライエントを如何に治療するか」とか「今後の箱庭療法は如何に展開させるのか」など「〜すれば〜になる」という因果論的な思考を意味するものである。

因果論的思考は限りなく「意味」を求める思考でもあるが、その背後にはセラピスト自身が無意識的にクライエントを支配して心理療法の方向性を自らが納得できる方向に操作できるものとする、多分に自己愛的な動機が働いているようにも思われる。

このような因果論的な思考に縛られると、セラピストは心理的態度としても操作的にならざるをえず、クライエントに注意が向かいやすくなることは筆者の体験からも明らかである。そこで如何にしてこうした「思考の傾向性」からセラピストが自由であるかが問われてくる。

治療者の「非操作的態度」

河合[1]はこれまでの心理療法のモデルについて言及して、「医学モデル」や「教育モデル」「成熟モデル」などを因果論的な思考法にもとづくものとして、代わりに「自然モデル」という新しいモデルを提起した。
河合のいう「自然モデル」とはC・G・ユングが『結合の神秘』で引用しているレイン・メイカーの寓話を参考にしたものと思われる。分析心理学に関係のある心理療法家にはよく知られたものであるが、ここではあえて参考に引用してみる。(2)

「大変なかんばつであった。何カ月もの間、一滴の雨も降らず、状況は深刻だった。カトリック教徒たちは行列をし、プロテスタントたちはお祈りをし、中国人たちは線香をたき、銃を撃って、かんばつをおこしているデモンたちを驚かせたが、何の効果もなかった。最後に、その中国人が言った。〈雨乞い師をよんでこよう〉。

そこで、別の地域から、ひからびた老人がよばれてきた。彼はどこか一件の小さな家を貸してくれとだけ頼み、三日間、その家のなかに閉じこもってしまった。四日目になると、雲が集まってきて、大変な吹雪になった。雪など降るような季節ではなかった。それも非常に大量な雪だったのである。町中は、すばらしい雨乞い師の噂で持ちきりであった。そこで、リヒャルト・ウイルヘルムは出かけて行ってその老人に会い、どんなことをしたのかを尋ねた。彼はまったくのヨーロッパ風にこう聞いたのである。〈彼らはあなたのことを雨乞い師とよんでいる。あなたがどのようにして雪を降らせたのか教えていただけますか?〉。するとその小柄な中国人は言った。〈私は雪を降らせたりはしません。私には関係ありません〉。〈では、この三日間、あなたは何をしていたのですか?〉。〈ああ、そのことなら説明できます。私は別の地方からここにやってきたのですが、そこでは、万事が秩序だっていたのです。ところがここの人たちは秩序から外れていて、天の命じる通りになっていないのですよ。つまり、この地域全体がタオのなかに入っていないというわけです。ですから、私も秩序の乱れた地域にいるわけで、そのために私まで物事の自然の秩序のなかにいないという状態になってしまったわけです。そこで私は三日間、私がタオに帰って、自然に雨がくるまで待っていなければならなかったというわけです〉」

河合は「ここで注目すべきことは彼は因果的な説明をせずに自分には責任能力がないと明言した上で自分が〈道〉の状態になった。すると自然に雨が降ったという表現をしているのである。……治療者が〈道〉の状態にあることによって、非因果的に他にも〈道〉の状況が自然に生まれることを期待するのである」と述べている。[1] そして「〈自然モデル〉とは治療者が〈道〉の状態にあることによって自ずから治癒が訪れることである」とされる。河合のいう「自然モデル」における治療者の態度は面接場面でクライエントに対して「かくあるべき態度で臨むべきである」というセラピストの思考や存在のあり方そのものからの解放を意味しているように思われる。

河合と同じく分析心理学者の目幸は老荘思想における「道」と仏教における「無我」を同じものとして論じている。[3][4] 目幸の場合は特に、ユングの心的現象論の立場からこれらを分析心理学的文脈において説明している。

「レイン・メイカーの話は『結合の神秘』に載っています。それは〈道〉ということを中心にしてセルフの話を運んでいる部分ですが、賢人は瞑想によって道の外にある自分を、道との調和において取り戻すということに関連して脚注に紹介されています。セルフは意識と無意識の全体であるとともに中心であるという考えを、ユングは持っていたわけですから、ちょうど中国思想の天・地・人すべてを貫く〈道〉という考えもユングのセルフと同じような考えに属するわけです」

「無我という仏教における教法の体験は心的現象として考察するとき〈非本来的自己〉のあり方を自覚することによってそこに反照的に顕現している〈本来的自己の働き〉を自覚するという〈目覚め〉の意識の二重構造性において考えられる。〈本来的自己の働き〉はユングが心的現象論に立って見いだした人間の〈サイキ〉〈こころ〉に普遍的に見られる〈インディビディエーション〉の仏教的表現ということになる」

目幸がここで言わんとすることは「非本来的自己」のあり方を自覚することによって不断に変化する「こころ」を我が物として実体化しているわれわれの「自我意識に対するとらわれ」が破れることであり、そこに自ずから「本来的自己」の働きであるセルフが機能することであり、それが無我の体験であると考えられる。最初の「道」の考えに則せば「道の外にある自分を道との調和において取り戻すセルフの機能が賦活することであると考えられよう（なお「自我意識に対するとらわれ」は「因果論的思考」に縛られている自我に対して疑いを持たないことでもある。以上のようなセルフとつながらない自我のあり方を、現象学の表現を用いて非本来的自己と名づけたものと考えられる）。

筆者はこれまで述べてきたような「自然モデルにおけるセラピストの〈道〉の状態」や「無我」の体験を総称してセラピストの「非操作的態度」とよんでいる。

セラピストがこの「非操作的態度」を自らとれるようになることで、一層内向的になり、想像活動（瞑想）が自発的に深まるものと考える。そして、「非操作的態度」は「因果論的思考」の背後につきまとうセラピスト自身の万能感や自己愛に対するある程度の断念を通して自ずから成立するものである。万能感や自己愛は自我に対する「とらわれ」であり、それは自我を超えて自我を包むセルフの自我への賦活を阻むものとなるからである。

それではどのような方法で、万能感や自己愛から一定の距離を置くことができるであろうか、それに対して織田は我々が心理療法家になるための訓練として教育分析の重要性を取り上げているが(4)、教育分析の目標のひとつとして被分析者の絶望体験があるとも述べている。織田のいう絶望体験とは、自我の万能感や自己愛に対する諦念を意味するものであり、被分析者は自我へのとらわれが打ち砕かれ、セルフの布置が可能となる。

セルフが布置してくることを「新しい箱庭療法」における想像活動に則して説明すると内的世界から自然発生してくるイメージや想念にとらわれずに、それに自我をまかせることができるようになることでもある。目幸のように仏教的な用語で表現すると、自我による「自力」の放棄であり、「他力」としてイメージや想念の世界を布置させるセルフに自我をゆだねることでもあると筆者は理解している。

最後に、先に織田は「錬金術的容器」の布置はセラピストとクライエントそして中間領域に同時に布置するものであることを述べた。セラピスト自身が非操作的態度に徹すれば徹するほど、想像活動のなかでイメージや想念が自然発生するが、それに自我をゆだねることはまたセルフがセラピストとクライエントに布置してくるプロセスでもあり、セラピストとクライエントの存在する面接の空間が中間領域として機能して「守り」の場になることでもある。そのことで中間領域に存在する箱庭はたんなる「物」としてではなく「錬金術的容器」となりえるとともに、箱庭にも「容器」のイメージが布置するのである。それは織田がユングのいう「錬金術的容器」とセルフとが同じものであると次のように述べていることからも明らかである。(5)

「ユングは次のような興味深い指摘を行っている。すなわち錬金術的な容器は、最終産物である「賢者の石」を獲得する過程が生じる場を提供するのみではなく、矛盾しているが石そのものであり、人格の中心としてのセルフであるという」

以上ここで述べたことは次の「事例編」において臨床の場面をとおしてとりあげる。

事例編

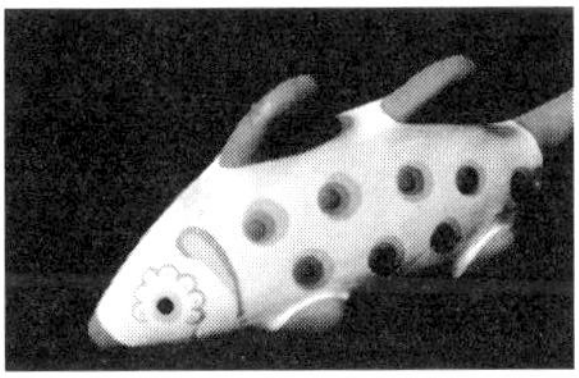

事例編では、セラピストの想像活動とクライエントの箱庭体験そして症状の変化などの対応関係に焦点をあてた報告を行う。なおここで取り上げる事例はすべて、過去に「日本箱庭療法学会大会」で発表したものである。クライエントのプライバシーに抵触しないように配慮した。

大住誠　著

事例研究 1　自己臭は女性の神様からの贈りもの
――自己臭恐怖の女子高校生への箱庭療法過程

I　はじめに

「新しい箱庭療法」では、セラピストとクライエントの適切な心理的距離としての「中間領域」が重要視される。「中間領域」とはセラピストの心的世界にも、クライエントの心的世界にも限定されない第三の領域を意味する概念とされる（織田）。それは、セラピストにとっても、クライエントにとっても中間的な領域として、あくまでも心理的に体験されるものである。「中間領域」はまた、セラピストとクライエントの間に「適切な心理的距離」が形成されることで布置するものとされる。ただし、ここにいう「適切な心理的距離」もまたセラピストとクライエントとの関係性のなかで心理的に体験されるべきものであり、具体的で実体的なものではない(織田)。

一方、筆者は日頃の心理臨床の経験から、面接の構造などを工夫することで、「適切な心理的距離」や「中間領域」の布置が促進されるケースをたくさん経験している。この事例研究1でも、面接の構造に工夫を加えた。すなわち、セラピストである筆者は初期の面接の段階ではクライエントに背を向ける格好で座り、クライエントが箱庭制作中は初期から最終の回まで一貫して後ろ向きでいた。このことで、セラピストが自身の想像活動に集中しやすい環境が創り出された。なおクライエントが箱庭制作中は、セラピストがそれを見ないで後ろ向きになる方法は、筆者によってその後の症例でも用いられている。

ここで検討する事例は「自己臭恐怖」の青年期女子のものである。「自己臭恐怖」とは「自我漏洩症状群」と呼ばれ、主に「体臭」が不必要に外界に漏れるという観念に苦しめられ適応不全に陥る症状である。「自己臭恐怖」では、クライエントの体験する自我内界にも外界にも属さない第三の領域（身体的なものである）と自我内界との境界が脆弱だとされる。[1] これはまさしく織田の「新しい箱庭療法」の理論での「中間領域」の問題と重なるものである。織田のいう「中間領域」とは、クライエント（セラピストも同じく）の内界にも外界にも限定されない領域である。「自己臭恐怖」における第三の領域と自我内界との境界の混乱からはクライエントをしてこの「中間領域」が充分に体験できていないことが推測される。これは、クライエントが自らの身体的なものを受け入れることのできない状態を意味する。理由は、曖昧かつ自我内界にも外界にも所属しない身体的なものである「自己臭」を、曖昧な状態のままで自我に受け入れるだけの心理的安定感が形成されないためでもあろう。それはまた自我の内界に属するものと外界との間に境界が充分に形成できていないためと思われる。

なお、クライエントは青年期の女子であり、自己臭を含む己の身体性をいかに受け入れ、大人の女性になっていくかという課題もあったと考えられる。

「中間領域」が成立し、それをクライエントが体験できるようになることとは、身体的であいまいな存在である「自己臭」に対する「適切な心理的距離」が形成されることであり、自らの身体性を受容することでもあり大人の女性への一段階でもある。そのことは「自己臭」を気にせざるをえない他者の存在に対する

「適切な心理的距離」が成立されることにもつながる。

なお、先の理論編でも述べられたように「新しい箱庭療法」の治癒の機転のひとつに「錬金術的容器」[2]の布置があげられるが、この「錬金術的容器」の布置は「中間領域」の形成と同時に布置されるものとされる。象徴的に解釈すればこの「錬金術的容器」の布置こそが、クライエントの自我内界と外界との間の境界として機能して、「臭い」として体験される身体的なものが不必要に漏れることを収拾する「守り」になると理解することも可能であろう。その意味でこの事例は、「自己臭恐怖」という病型に対する「新しい箱庭療法」の治癒の機転を説明できる典型といえるだろう。

Ⅱ　事例の概要

クライエント――面接開始当時・十六歳女子（高校生）

主訴――自己臭恐怖

家族構成――父親四十八歳、母親四十六歳、兄二十一歳の四人家族（両親は共働き）

問題の経過・生育歴――クライエントは幼稚園、小学校時代ともに健康であり、友人も多く学業成績も優秀であった。中学時代は陸上部の部員として活躍した。ところが、中学三年生の二学期の授業中に数名の男子生徒から汗が臭いといってからかわれ、それからは汗の臭いが必要以上に漏れ、周囲からも嫌われていると思うようになった。それでも、受験勉強をがんばり、高等学校は地元の進学校に入学した。高校入学後も症状は一向に収まらず、一年生の一〇月にK大学の精神科を父親の紹介で受診して投薬を続けた。翌年の二月、K大より地元のAクリニックを紹介されて転院した。医師から心理療法を勧められ、筆者の相談室に来所するようになった。

Ⅲ　箱庭療法の経過

相談室における心理療法は、週に一回の頻度でクリニックからの投薬（抗不安薬を少量）と併用しながら計四〇回おこなった。なお、面接は便宜上三期に分けて解説し、セラピストの想像活動も取り上げる。また箱庭はほぼ毎回作られた。

第1期――クライエントの身体的なイメージとの出会い（X年四月一日～七月三日・初回～第12回面接）

初回面接　クライエントは両親とともに来所した。ジャージを着て終始下を向いたままであった。セラピストが症状の由来などについて質問するとためらいがちに答えたが、側にいた母親が「もっと正確に伝えなさい」と強要したことが印象的だった。相談室に箱庭があることを医師から言われ、興味をもったようだった。セラピストは次回から一人で来室することと「箱庭はあなたの自由意志で置いてください。夢も面接のなかで取り上げることがありますから、可能でしたら報告してください。ただし、何の強制もありません」とだけ伝えた。セラピストはクライエントの父親と同年齢、さらにはセラピストの長女がクライエントと同年齢であることなどを知り、面接の場面で父と娘の神話が物語られることなどを推測した。

第2回面接　クライエントは前回の面接とはうって変わって、ミニスカートにピアスという服装で来室した。緊張感が強いという本人の希望もあって、面接の形態を対面法から、セラピスト自身が後ろ向きになり、テーブルを挟んで背中ごしにクライエントが話しかける方法を採用することにした。この方法によって、セラピストもクライエントも面接場面では、適切な距離を形成することが可能になり、かつセラピストは想像活動に集中できるようになった。クライエントからは「新学期が始まったが臭いが気になり辛い」とのことや「両親（特に父親）が過干渉なので、反抗の意味も含め、本来ならばもっと偏差値の高い高校に入学できたところをあえて、その次の難易度の高校に入学しました。お医者さんや親から、私の症状は心が作りだすものと説明されてもどうしても納得できません」といった不満が語られた。そして箱庭の制作に入った。セラピストはその間も後ろ向きになり、箱庭を制作しているクライエントを直接的に見ないようにした。

箱庭1回目　約三〇分をかけて、怪獣と現代の兵士たち、インディアンなどの作品を完成させる（写真1）。作り終えると「とても、今ぼーっとした感じです。これは戦いで、自分の気持ちを充分に出せたと思います」と説明した。

箱庭制作中のセラピストの想像活動　セラピストがクライエントのエピソードを聴いているとき、および箱庭制作中のセラピストの想像活動は以下の内容であった。

箱庭にクライエントが両親やセラピストに激しい口調で怒りを表現しているようなイメージが浮かんだ。そのことでセラピスト自身も不安感を体験した。さらに、セラピスト自身の長女がセラピストに対して怒りをぶつけるイメージも浮かんできた。たとえばクライエントとの面接が始まった当時、セラピストの長女が門限を破るなどが頻繁になり、それを注意すると、激しい口調でセラピストにくってかかった場面などがイメージされた。

第３回面接　クライエントは「中学生のとき、男子生徒から臭いについて言われたことが悔しくてたまりません。何故私の臭いが知られてしまったのかが不思議で、もうやりきれなくなります」と語り、以下の夢を報告して箱庭の制作にはいった。

夢の報告　ピアスをするために耳に穴をあけようとしている。軟骨のところにハサミが触れるが寸前のところで取りやめた。

夢に関してクライエントは「今年、実際に耳に穴をあけましたけれども、そのときには本当にすっきりした気持ちになり、心の整理さえできた感じになりました。しかし、またもとの臭いが気になる状態に戻ってしまいました」と語った。

箱庭２回目　中心に神のイメージを祀った島を完成させる。クライエントは「とにかくこんなイメージが出てきたので置きました。とてもすっきりしました」と語った。

箱庭制作中のセラピストの想像活動　ピアスをするために穴をあけようというクライエントの夢を聞きながら、セラピストは風船のようなものに閉じこめられた状態から風船をわって外に脱出するイメージが浮かんできた。

第４回面接　クライエントは「お肉を食べることと臭いと関係があると本で読んでから肉は食べられなかったが、最近多少は食べられるようになりました。私の部屋は鍵がかからないので出入りが自由で突然父親が部屋に入ってきたりして私の音楽のカセットを持っていったりします」「そんな親でも自分の意志と裏腹に言うことを聞いてしまうことが多いので悔しいです」などと語った。

セラピストの想像活動　クライエントのエピソードがセラピストの長女とだぶり、セラピスト自身が娘の部屋に入るイメージなどが想像された。やがて、イメージが変化してセラピスト自身が高校時代に両親から不当に干渉されたこと、特に当時の息苦しい二階にあった勉強部屋に佇むセラピストのイメージなどが浮かんできた。

箱庭3回目　クライエントは中心にリンゴを置き、周辺にガラスを散りばめた作品を完成させる（写真2）。そして「ああ……本当に楽しいです。心にこんなイメージがうかんできたので作りました」と説明した。

第6回面接　クライエントは「この一週間はとても調子が悪い。特に朝学校に行こうとするときも体育の授業や部活のときなど臭いがとても気になり辛かったです。けれども我慢して周囲に合せています。家では母に「自分の部屋にテレビを入れて欲しいと頼んでも何もしてくれません」と語った。

箱庭5回目　ゴジラが新幹線や家屋を破壊する場面が作られた（写真3）。クライエントは「気持ちを表現するとこうなります」と説明した。

箱庭制作中のセラピストの想像活動　再び、クライエントやセラピストの長女が門限を注意されたときに、激しい怒りをセラピスト自身に向けてくるイメージが想像された。

第9回面接　クライエントは「ここのところ調子が良いです。理由のひとつはこれまで虐められたことから男子に対しては特別に過敏だったのが、普通に話ができるようになってきました。授業中とか体育の時間には気になりますけれども見違えるほど良くなっています。父親に反対されると思いますが夏休み中にバイクの免許をとりたいです。部活の方も退部して遊びの時間をもっと増やしたいです」などと語った。

箱庭6回目　中心にオルゴールを置き、周辺に花や男女のペア人形、アコーディオンを演奏するピエロなどを並べた。クライエントは「これは男女ペアでダンスをしているところです」と説明した。

箱庭制作中のセラピストの想像活動　父親としてのセラピストと少年に戻ったセラピストという二つのイメージが心に浮かんできた。また、自由に外の世界に出ようとするクライエントと自分の娘がだぶり、自由な行動をとろうとするクライエントの自由を祝福したい側面と父親として門限などを破る娘の行動に気遣う側面のアンビバレンスな感情を体験した。前者の気持ちは高校時代のセラピストが両親から不当に干渉され自由に外出できなかった不自由さに由来するものである。

なお、箱庭の中心に置かれたオルゴールからはクライエントの心的世界に守りとしての「錬金術的容器」が布置されつつあるように思われた。

第12回面接　クライエントは「ここのところ調子が良くて臭いがあまり気になりません。勉強の方も多少は落ち着いてできるようになりました。それから、両親が許さないというバイクの免許を取るつもりです。今回ほど自分で親に主張したことは初めてです」などが語られた。

箱庭９回目　中心に山を作り、リンゴを置き周辺にガラス玉を並べる。四方を樹木で守り、マンダラ（曼荼羅）状に完成させる。最後に前方に兵士と女性を置いた（写真４）。クライエントは「リンゴは私にとって、とても大切なものです……」と説明した。

箱庭制作中のセラピストの想像活動　今回も門限を破るなどの長女の行動を心配する面と、両親からの監視が厳しかった高校生時代のセラピストが自由に行動できて解放されていくような想念を味わった。さらに、高校卒業後に当時下宿生活を始め、自由になったセラピストとその下宿の六畳間がイメージとして浮かんでくるとともに面接室が、当時の自由な雰囲気の下宿に思えるようになった。

なお、制作後の箱庭のイメージからはクライエントの心的世界に守りとしての「錬金術的容器」が形成されつつあることが想像された。

第2期——身体を守る容器の完成（X年七月四日〜九月二〇日・第13〜22回面接）

第13回面接　この間のクライエントから部活の打ち上げでS川原でパーティを開き羽目を外したことが語られた。

第14回面接　夏休みの課題読書で太宰治の『お伽草紙』を読み、とてもおもしろかったことなどの感想が語られた。セラピストはこのとき、以前読んだことのある太宰の『お伽草紙』と同系統の作品『魚服記』（太宰、一九三二）を思い出した。炭焼きの父と娘が山のなかの小屋で二人きりで生活していたが、娘が年頃になり心身が大きく変化していくことを知り、子どもでなくなっていく我が娘を見るたびに父親は悲しく思うようになる。そんなある日、娘が川に飛び込んで「小鮎になってしまった」という物語のストーリーがイメージとして心に浮かんできて不思議な寂しさを味わった。

第17回面接　クライエントは「臭って来るときは、自分の空気のなかに他人が入ってくる感じである程度離れていれば大丈夫です。それから今回は、この場所にいると眠い……本当に気持ちが良いです。眠くてたまりません」と面接場面での印象を語った。

箱庭12回目　砂山を作り、頂上に二体の天女とガラス玉を置いた。島の周辺にはギャングやカウボーイが闘っている。クライエントは「兵隊が宝を奪おうとしているのですが、同士討ちで奪えないのです。侵入できないのですね」と説明した。

箱庭制作中のセラピストの想像活動　高校生に戻ったセラピストが、バイクを乗り回しているイメージが浮かんだ。また、侵入者同士を同士討ちをさせて宝物を奪い取ることをくい止めるイメージからは、女性の叡智が感じられた。

第18回面接　クライエントは「部活の試合中は臭いが気になってしまった。特に男の子の近くは駄目ですね。近づきたいけど気になってしまい近づけないのですね。それから自宅では落ち着けないのでバイクを乗り回したり友人と遊んだりしていますが、特に父親がうるさいですね」と語り「今回はとても不思議な夢をみました」といって以下を報告した。そして今回は箱庭を置かなかった。

夢の報告　私と母親と外国人の少年、それに見覚えのない不思議な老人の四人が山に登った。まるでハイキングのような感じだった。私はその老人を背負って山を登った。ところで頂上に着くと、にわかに天候が悪くなってしまい、大雨が降り出した。下山しなければならなくなったが、そのとき老人は「私のことにはかまわずに、私をここに置いて下山しなさい」と言い、私はお爺ちゃんにすまないという気持ちにさいなまれながら下山した。

クライエントは「まるで楢山節考のような感じで悲しかったです。七十歳くらいのお爺さんでしょうか。私が老人を背負って登ったのです。何故こんな夢をみたのかわかりません。それからここに登場する少年はかっこは良いですけど、強い者にはやられてしまうタイプですね」と説明して「この場所（面接室）はとても気持ちが良いですね」と言って居眠りを始めた。

セラピストの想像活動　セラピストはクライエントがみたという夢のエピソードを聞きながら、少女と老人との別離という不思議な組み合わせに心を強く動かされた。そして山に捨てられる老人がクライエントの父親であり、セラピスト自身であるかのような想念が浮かんだ。また、夢に登場したひ弱な少年が、高校生時代のセラピストであるかのような印象さえうけた。なお、面接の場面でもセラピスト自身がクライエントと同年齢の高校生になっているかのような奇妙な感情を体験した。そして、この回を境にして、セラピストの想像活動に父親としてのセラピストのイメージは登場しなくなった。

第20回面接　この回では、クライエントとの話合いで、面接の方法を双方が斜めになって向きあう方法にかえることにした。直接に向かい合わなければクライエントもさほど緊張しなくなったという理由からであった。箱庭制作中はこれまで通り、セラピストは後ろ向きになった。

クライエントは日常生活で休日などにバイクを乗り回していた。そして、面接場面においては眠くなることが多くなっていった。そのときのセラピストの想像活動では、高校生時代のセラピストが登場して、両親から干渉されて部屋に佇む姿や、それにもかかわらずにバイクを乗り回し解放される姿などが浮かんできた。

第22回面接　クライエントは「臭いの方は体育の授業でもさほど気にならなくなりました。部活の友人たちともカラオケに行ったりしますが、そういうときには友人から何か言われたりしますが言い返せない自分がいます。そのくせ自分には怒りっぽいところがあります」と自ら気づいたことを語った。

箱庭13回目　ガラス玉に容器がかぶせられ、その上にマリア像が置かれた（写真5）。そして「これは女性の神様です。大切なものが守られている感じです」と説明した。

箱庭制作中のセラピストの想像活動　高校生のセラピストが現れて、バイクで山道を行く。途中に小高い丘があり、丘の上には満開に咲いた桜の樹がある。セラピストはバイクを降りて丘に登り、今来た道を見下ろすと、遙かかなたまで道は続いており、自分は随分遠方にまできたのだなという実感を味わった。なお、クライエントの箱庭からは、クライエントにとっての大切なもの（おそらく身体的なもの）を収容する「錬金術的容器」が完成されつつあることが連想された。

第3期──傷つき体験の受容と女性性の発見（X年一〇月三日～X＋一年四月一五日・第23～40回面接）

第23回面接　クライエントは「学校では受験勉強が始まり追い立てられるようになりました。そして、暑い日には臭ってくるような気がしてトイレに駆け込んだりしています」と語った。

箱庭15回目　埴輪や椰子の樹、墜落した飛行機などを置いた。そして「これは砂漠に墜落した飛行機です。なんとなく異世界にまぎれこんでしまった感じでしょうかね」と説明した。

箱庭制作中のセラピストの想像活動　今回は面接場面において物想いにふけることもなく、現実のクライエントと対面している感じであった。ただし、このときのセラピストはクライエントと同年齢の高校生になって対話しているような錯覚に陥った。

なお、クライエントが制作した箱庭からは砂地に墜落して大地に接触することが、大人の女性としての身体的なものを受け入れることと関係があるようなことが想像された。

第24回面接　クライエントは「体育の後に汗をたくさんかき、臭っているのではないかと心配になり、トイレで着替えたりしています。でも実際には臭っていないので安心しました。二学期なので進路を決めなければならないのですが、いちおう国立大学の理系にきめました」と語った。

箱庭16回目　容器に入れたガラス玉を砂箱に広げ、近くにリンゴを置いた（写真6）。クライエントは「容器からこうしたものがあふれ出したのですが、あふれだしたものは悪いものではないのです」と説明した。

ところで第23回と24回との間にセラピストは不思議な夢をみた。夢の内容は赤い橋や乙姫様のいる竜宮に高校生のセラピストがいるというもので、そこに閉じこめられているような感じがして息苦しいので、ガラス戸を激しく叩き外に出ようとするが、なんとガラス戸に映るセラピストの手や顔は老人のものになっているというものであった。なお、今回の面接以降は、面接場面においても、セラピストが高校生になっているイメージやこれまでの回のような積極的な想像活動が行われることも少なくなった。

セラピストの想像活動　箱庭制作後、クライエントの置いた箱庭を見て箱庭に臭いがあふれ出すイメージが想像された。

第25回面接　クライエントは「これまでは授業中臭いが漏れていたのが、本当に不思議なことに臭いが心のなかに収まり、外に漏れていないと感じられるようになりました」と語った。「それから、最近中学時代に臭いのことで私を虐めた男子たちのことを想い出すようになり、激しい怒りを感じています。怒りが次から次へと出てくるのです。当時はこうした気持ちを持てずに何もできなかったのです」と語った。

箱庭17回目　箱庭の中央にキューピーを寝かせ、ガラス玉を埋もれさせ、周囲に侵入禁止の表示板を置いた。そして「これは眠れるキューピーですね」と説明した。

セラピストの想像活動　クライエントの置いた箱庭を見て、セラピストもクライエントも共に暖かいものに守られているイメージが浮かんだ。

第29回面接　クライエントは「陸上部の顧問がとても嫌な奴なので退部することにしました。いろいろ説教されましたが平気でした」と語り、今回は症状については何も話題にしなかった。

箱庭19回目　中央にガラス玉をしきつめた道を作り、彼方にマリア像を置いた（写真７）。クライエントは「この道は女の神様に続く道です。私はまだこの道の始まりにいますね」と説明した。

セラピストの想像活動　箱庭制作後、想像活動というよりは、セラピストには何故にクライエントがマリア像を「女の神」とよぶのか不思議に感じられた。

第32回面接　クライエントは「冬休みに入り大いに遊んでいます。カラオケに行ったりして男の子たちとも遊べるようになりました。以前は臭いのことが全生活の中心を占めていましたが、現在では数パーセントにすぎません。それから久しぶりに心に残る夢をみました」と言って次の二つの夢を報告した。

夢の報告　①私と私の親友それに私を虐めた二人の男の子がいる。私は彼らが寒そうにしているので私のコートを貸してあげた。彼らはそのことに随分と助かっているらしい。ところが私が少しその場所を離れたときに「臭いがついている云々」と噂をしているようであった。そこで私は『私の臭いがついているでしょう』とはっきりと言うと彼らは驚いてしまった。

②Ｎ市の街中を親友と一緒に歩いていると彼方に原爆ドームが見えた。荘厳な感じがした。

クライエントは最初の夢では「私が彼らに臭いのことをはっきりと言えたことで自分の心の整理ができました。それから最近自分の部屋の整理もしていろいろと思い出のつまった縫いぐるみなども始末しました。愛着のあるものでしたが思いきって捨てました。昔の日記も整理しました」と語り、次の夢に関しては「N市は父が昔通った大学のある街で、いつか家族で訪ねようと話したことがあるのです。父にとっては思い出の街です。原爆ドームが何故ここにあるのかわからないけどとても神聖な感じがしました」と説明した。

箱庭21回目　中央に山を作り、頂上に容器を置きその上にクライエントが修学旅行で買ってきたというガラス製の苺を置いた。そして山の周辺にはガラス玉が散りばめられた（写真8）。クライエントは「美しいものがマグマのようにあふれ出すところです。中心にはリンゴを置こうか苺にしようか迷いましたがお土産に買ってきた苺を置くことにしました」と説明した。

箱庭制作中のセラピストの想像活動　セラピストはクライエントの夢を聞きながら、あえて虐めの加害者に対してコートを貸したり、クライエントにとってはおそらく原爆に匹敵するような傷つきだったかもしれない体験を神聖な記念碑にまで高めたようなイメージがわき感動を覚えたが、父の街を訪ねるというエピソードから何故か、箱庭療法の終結が近づいたことが想像され一抹の寂しさを味わった。

第40回面接・最終回　クライエントは「調子はとても良いです。最近とても心を動かされた夢をみました」と言って以下を報告した。

夢の報告　海賊と鯨の住む島でのお話。海賊は友人の鯨を置いて島を出て行った。鯨は来る日も来る日も友人の海賊を待ち続け五〇年も待ったが友人は帰ってこなかった。鯨は寂しさのあまり岩に頭をぶつけ自傷行為を行った。あるとき、このお話の主人公の少年たちが島にやって来て、自傷行為で頭に傷を負った鯨をめがけて攻撃した。主人公たちは「友人の海賊は帰って来ないが，今度は俺たちがお前のライバルとして友人としていつも一緒にいてやるからな」と言った。

夢に関してクライエントは「この夢はおそらくある絵本か漫画の一部の内容で，特に心を動かされた部分と関係があるのかも知れません。夢を見たことでさらに感動を覚えました」と伝えた。

箱庭24回目　箱庭いっぱいに人間，動物，野菜などを並べて完成させた（写真9）。そして「今回は華《はな》やかな市場を作ってみました」と説明した。

セラピストの想像活動　クライエントの夢からは，クライエントが心の傷とともに，さらに傷つけた者とも生きようとしているように思われ感動を覚えた。そして箱庭からは芳香のあふれる市場が想像された。

今回をもって症状の軽減などの理由からクライエントと相談して箱庭療法を終結した。

Ⅳ　考　察

今回の箱庭療法で筆者であるセラピストは，初期の段階では後ろ向きになって面接を行う方法を採用した。そうした方法は――奇異な印象を読者に与えるかもしれないが――「新しい箱庭療法」においてセラピストが想像活動を積極的に行う面接場面での構造を作るための手段の一つである。この方法を用いることで，セラピストとクライエントとの中間領域の布置が促進され，「錬金術的容器」がセラピストとクライエントの心的世界も中間領域にも同時に布置され，それが臭いを収容する容器としての機能も果たしえたと考えることができる。このことが面接場面で最初にあきらかになるのは第12回面接で，セラピストの想像活動とクライエントの語るエピソード、箱庭に表現された容器のイメージにそれを窺うことができる。

なお、今回の箱庭療法では、クライエントは身体的なものを受け入れるという通過儀礼を、父なる元型からの自立のテーマを背景に行ったようにも考えられる。父と娘の物語が箱庭療法の過程で展開することが想像されたからである。そして実際に面接場面においても、娘としてのクライエントが父親に怒りを向けるイメージが布置されることがあるが、それに同調するようにクライエント自身の置く〔箱庭1回目〕にも戦いの場面が置かれている。これはまた、織田の言う傷つける存在としての治療者とも重なるものである。しかし、以上の父のイメージからセラピストが想像活動のなかで解放され、クライエントの同伴者としての高校生時代のセラピストのイメージが多く現れることと同時に、クライエントも「老人を山に捨てる」という夢（第18回面接）などを報告して、父なるものからの自立を通過儀礼として成し遂げていった。おそらく、クライエントにとって母のイメージがほとんど語られなかった分だけ、現実生活においても、母親以上に父親からの影響が強かったのだろう。「父なるものからの自立」の物語もそれへの補償として考えられるであろう。

以上のような「父なるイメージ」からの自立を通して、クライエントは大人の女性としての自分の身体性（臭い）を受け入れていったが、それは「女の神様に至る道」（第29回面接）や「美しいマグマが噴出する」（第32回面接）の箱庭に窺うことができる。そのことは、傷つけた者を怒ると共に、それを許すという心の成熟にもつながるであろう。そして、これまで述べたような物語を可能にならしめ、かつ治癒の機序ともなったイメージが、中間領域に布置した「錬金術的容器」に他ならない。

事例研究 2 破壊神から創造神が生まれる

――解離性障害の女子高校生の箱庭と描画

I はじめに

「新しい箱庭療法」の特色は面接時におけるセラピストが想像活動に集中して、自身に自然発生（織田）してくる想念やイメージに注意を向け続けることである。想像活動に集中できるようになるためにはセラピスト自身が内向的にならなければならないが、そのために、セラピストがクライエントを心理的に援助して治癒させようとする操作的な思考や態度から解放されていかなければならない。織田や筆者は以上のようなセラピストの態度を「非操作的態度」と名付けている。

セラピストが「非操作的態度」に徹すれば徹するほど、逆説的ではあるが、セラピストの想像活動に自然発生的に布置する想念やイメージは活性化されてくる。そして、セラピストに自然発生してくるイメージや想念はクライエントが現在直面している課題に無関係ではない場合が多い。心理療法の過程におけるこうしたセラピスト、クライエントの関係性を「逆転移」の問題として現代の心理力動的な諸学派は一応に認めている。

織田もまた「変容性逆転移」という概念を用いて「治療者が心の一部で病者とほとんど同一のテーマを生

き抜く」[3]ことが治癒の機転に結びつくことを述べている。ただし、織田のいう「変容性逆転移」とは、セラピスト側でその体験を「相当程度意識化できる」ことともに、セラピスト側の体験の質と深さが重要視されている。それは、セラピスト側の体験を解釈することよりも、イメージや想念を如何に直接的にセラピスト自身が体験できるかを重視したものと筆者は考える。理由はセラピストが自然発生してくるイメージや想念を解釈しようとする企てが、えてして「非操作的態度」から逸脱することになり、イメージや想念の自然発生を妨げるからである。

そして「新しい箱庭療法」ではこの「変容性逆転移」の成立がクライエント側の身体を伴う箱庭制作という作業のなかで、イメージを通して具象的かつ直接的に行われ、そのことが治癒の促進に寄与していく。

ここで検討する事例は医療機関から「解離性障害」という診断を受けた女性（心理療法開始当時高校二年生）のものである。「箱庭療法」を中心に行われたが「描画」が使われた回もあった。面接場面におけるセラピストの態度が操作性から解放されるにしたがって、「変容性逆転移」としてのセラピスト側に自然発生するイメージや想念の想起が活性化されていき、クライエントの置く箱庭や描画においても、その対応関係が明確になっていったケースである。

Ⅱ　事例の概要

クライエント――面接開始当時・高校二年生女子
主訴――解離性障害（医師の診断による）
家族構成――父親（五十歳、歯科医）、母親（四十二歳、専業主婦）の三人家族
問題の経過・生育歴――クライエントは私立の進学校O高校に入学したものの、入学当時、学校の雰囲気に

馴染めず、友人もできず、五・六月頃は非常に辛い日々が続いた。クラスメートからは、無視されたり、言葉の暴力を受けるなどの苛めを体験した。こうした陰湿な苛めはクライエントにとって初めての経験だった。ついに身体に震えが出るようになり、保健室登校になった。Mクリニックにも通うようになった。医師の自律神経失調症という診断に対して、担任からは本人が元気なのに教室に入れないのはおかしいと言われた。母親に対する担任の説明では、クラスには苛めは存在しないということであった。その後、保健室内でカーテンの紐で自殺未遂を起こした。やむをえずその年の一一月に正式にO高校を退学した。翌年の四月にサポート校のN高校に再入学したが、一年目は頭痛や記憶が薄れることと、登下校時の電車内で以前通っていた高校の生徒に出会うと暴力をふるってしまうことがあった（ただし当人にそのときの記憶はない）。学校の方も欠席しがちであった。Mクリニックからの投薬は継続していたが、一年生の一月に医師から「あなたの症状は薬物療法だけでは充分ではない。心理療法が必要と思われますが、箱庭とか描画とかに関心があるのならO相談室を紹介します」と言われ二月から筆者の相談室に来所するようになった。

幼稚園、小、中学校時代は、特別な病気もせずに学校を休むことも少なく、快活でたくさんの友人にも恵まれていた。学業生成期は上位であったが体育が苦手であった。

なお箱庭の制作はほぼ毎回行われた。

Ⅲ　箱庭療法の経過

面接の過程を便宜的に三期に分けた。

第1期――セラピストが想像活動に充分に入れなかった時期（X年二月〜X＋一年三月・第2〜38回面接）

この間のセラピストは、クライエントが語る解離に関するエピソードや箱庭の攻撃性に混乱させられ、充分に内向的になることができなかった。その背後にはセラピスト自身のクライエントに対する操作的な思考が濃厚にあった。

第2回面接　クライエントは「テストが近くてとても落ち込んでいます。それから、この間、母と一緒にM市の絵画展覧会の帰り、パン屋に寄りました。そのときに店員の運んでくれたパンを落としてしまいました。何回も謝りましたが家に帰ってから〈そんなに謝る必要はなかったのに〉と叱られてしまい、その後、一時的に記憶がなくなったのです。記憶は非常に興奮したときや嫌なことがあると無くなり、その直前に頭がものすごく痛くなるのです」と語った。

箱庭1回目　クライエントは中心の子豚をピエロや猛獣が取り囲み、周辺に天女をおいた（写真10）。クライエントは「この子豚が私で家に帰りたいけど囲まれてしまい、ここから出られません。天女たちが助けようとしていますが助けられないのです」と説明した。

箱庭制作中のセラピストの想像活動　セラピスト自身も多少の頭痛を感じたが、「解離性障害」のクライエントに対する初めての心理療法ということもあって非常に緊張した。そして「ここからどのようにクライエントは変わっていくのか。クライエントの心理的症状に対して、このような方法での心理的援助が役にたつのか」といった自信のなさや不安から充分に自分の心に向き合うことができなかった。半面、こうしたクライエントを治すことで心理臨床に対する自己愛的な満足感を得てみたいという想いも存在した。

第４回面接　クライエントは「一昨日担任から電話があり、一応補修のガイダンスがあるので欠席しないように言われました。そのとき、たいしたことを言われたわけでもないのに頭痛がきて記憶を失ってしまいました。それから、これを見てください（クライエントはセラピストに携帯のメールを見せる）。自分の知らないところで〈猫目〉という人格と〈件《くだん》〉という人格の二人が出てくるんです。〈件《くだん》〉は非常に乱暴で、私と猫目が止めようとするのですが乱暴することを止められないのです。電車のなかで乱暴を働いたり、落書きをしたりします。私は言葉で説明することが下手なので箱庭をさせて下さい」と今回は解離した人格について説明して箱庭の制作に入った。

箱庭3回目　海と陸を分け、海にゴジラや水鳥を乗せた船、陸には〔箱庭1回目〕で登場した子豚や猛獣、ピエロなどを無造作に散らせるように置いた。中心には樹木と井戸、右下の領域には羊などが置かれた。クライエントは「今回は動物たちと私が仲間になり、ピエロや熊をやっつけようとしています。〈件《くだん》〉のピエロとゴジラを倒すことができないでしょう。蛇も井戸から出てきて私（子豚である私）を狙っています。中心の大木は私にとってとても大切なものです。蛇をからませてくれるのです。羊などのいる領域は関係のない世界ですね」と説明した。

箱庭制作中のセラピストの想像活動　人格の分裂のエピソードを語るクライエントに感情の動揺はほとんど見られず、極めて冷静であることや箱庭作品などから今回も前回同様、セラピスト自身の不安感が高まり、動揺してほとんど想像活動に集中できなかった。

第9回面接　クライエントは「ここ二週間、母と仲の悪い叔父夫婦が宿泊していました。私もいらいらしてしまいつい耐えられなくなり、夜中に家から飛び出したり、突然笑い出したり、しゃべり出したりしてしまいました」と今回も解離状態について語った。

箱庭8回目　海と陸の領域をつくり、海には倒れた三体の天女、陸地では恐竜たちが動物や人間の赤ん坊を食べている作品を制作した。クライエントは「恐竜たちが赤ん坊の肉を奪いあっています」と説明した。

箱庭制作中のセラピストの想像活動　今回もまたセラピストは、無感情に解離状態を語ったり、残酷な箱庭を平然と置くクライエントに対して、激しい動揺と不安を感じ「どのような心理的援助が可能だろうか、これから箱庭療法を続けても大丈夫だろうか」などという考えにばかり囚われ、内向的になる余裕を持つことができなかった。

第18回面接

描画1回目　クライエントは「最近『子供をいらいらさせる母』という本を読んでいるのですけど、そこに出ているどの母もうちの母に当てはまります」と語り、今回は「絵を描かせて下さい」と初めて描画を行った。描画には血の川と川岸に切断された人間の首が並べられた（写真11）。

セラピストの想像活動　クライエントが母親に関することを語ったのは今回が初めてであった。また今回、クライエントは初めて描画を行ったが、クライエントのこれまでの回で置いた箱庭に劣らず残酷な作品であった。セラピストは、不安感を持ちながらも、クライエントの背後に母子関係を巡る葛藤が存在するなどと考え、自身の不安感を何とかまぎらわせようとした。一方で、少しずつではあるが、面接場面での不安感から解放されてきた。理由は、「現在自分が味わっているような不安感や恐怖感、あるいはそれ以上のものをかつてクライエントは味わったのかもしれない。そういう彼女を癒さねばならないという思いが背後に存在することは、セラピスト側のある種の思い上がりではないか」ということに気づくようになったためである。一見すると、心理療法への断念にも近い想念がかえって「クライエントを如何に援助するか」「これからの面接はどうするか」という操作的な思考を少しずつ断念、放棄させていったためと考えられる。以上はセラピストにおける内向的な態度の始まりとも考えられる。

第25回面接　クライエントは「学校には何とか行けていますが、疲れと頭痛はどうしてもとれません。それでも、友人が自宅に泊まりがけで遊びにきたりしています」と語った。

箱庭19回目　砂に男性たちを首まで埋め、近くにピンク色の花々や実のついたリンゴの樹とそれを観察する豹を置いた（写真12）。そして「首を地面に埋めた男たちの養分を吸ってこの花たちはさいています。この豹が私です」と説明した。

箱庭制作中のセラピストの想像活動　クライエントに対するさまざまな囚われから解放されてきて、内向的になることができた。ただし、想像活動は充分には行われなかった。箱庭の男性の養分を吸い取る大地のイメージからは即座に母親元型のすさまじい否定面が連想されたが、そのような解釈的な連想に陥ることなく、否定的なイメージを直接的に体験することはできた。

第31回面接　クライエントは「これまでほとんど感じたことがないのですが、最近、憂鬱な気持ちというか何か物寂しいような感じで……学校には一応行ったり休んだりしてますが……」と語り暫く沈黙した。沈黙の間、瞼の下が濡れているのが印象的であった。やがて、「箱庭を作らせてください」と語り、掌で箱庭の砂の感触をじっと味わい制作に入った。

箱庭23／24回目　今回は二つの箱庭が制作された。ひとつ目では中心に山を作り、山の上には貝を置き、そこに豹を座らせた（写真13）。ふたつ目では中心にメリーゴーランド、周辺に埴輪や倒れたビルなどを並べた（写真14）。クライエントは「こちら（ふたつ目の箱庭）が私の気持ちです。こっち（山に佇む豹）が私自身です。二つ目の世界は現在が滅び過去に還っていくということです。中心のメリーゴーランドは、過去、現在、未来の時間を納め、時を司る働きをしています」と語った。

面接場面でクライエントが寂しさを積極的に表現したり、沈黙の時間を長く保てるようになったのは今回が初めてであった。

箱庭制作中のセラピストの想像活動　セラピストは意識が朦朧としてあたかも軽度の催眠状態に陥っているようであった。ただし、それは面接室全体に守られているような感じでもあった。なお、面接のあと、ふたつ目の箱庭（写真14）の中心に置かれたメリーゴーランドの、時間を納め、時間を司るという表現と面接場面における、セラピスト自身の守られているような体験から、織田のいう錬金術的容器は、セラピストとクライエントの中間領域に同時に布置するということが連想された。

第32回面接　クライエントは今回初めて、しみじみと以下について語った。セラピストは特別な想像活動を行わず面接場面で自らの過去を真剣に語るクライエントのエピソードに集中したが、内容がイメージとして鮮やかに想い浮かんできた。なお、今回箱庭は置かれなかった。

「ここのところ憂鬱というか寂しい感じの日々が続いています……寝坊しすぎて母から七回もたた

かれました。それでも、どうしても他の人格が出てきてくれないのです……母には私の方に多少の非はあっても全面的に否定しないで欲しいですね。それから、私と母は昔からいろいろあったみたいです。あまりよく思い出せないのです。小学校一年生のときに、小銭を盗み、少額なのに一万円札が数枚ないといって問いつめられたり、その他でも母から叱られ部屋中を逃げまわりました。母は怒ると物を投げたり、半狂乱になったりして三時間くらい叱られどうしに叱られました。当時の私は反抗できなかったので隣の家の窓をエアガンで撃ったりしていました……」。

第２期——セラピストが内向的になり想像活動が積極的に始まった時期（X＋一年四月～一〇月・第39～55回面接）

この期のセラピストは第１期のような、クライエントを「何とかしなければならない」という操作的思考から解放された。その結果、クライエントに注意や関心を向けすぎないで面接場面で物思いにふけるゆとりが生じ、内向的になることができた。想像活動に集中できるようになっていったのである。想像活動のなかで、セラピストの意識が朦朧としたり、面接場面の記憶が定かでなくなったり、あたかも「解離性障害」に似た症状を呈するようになった。また、クライエントと同年齢の高校生時代のセラピストが現れ、干渉的で侵入的な実母に反抗するイメージなどが現れた。

第39回面接　クライエントは「どうにか三年生に進級することができました。この間、体育の授業の補習ということで運動場を二〇周も歩かされてしまい、くたくたになりました。解離が再び始まり、激しい頭痛とともに記憶がなくなることがあるのです。この間、家を出た後の記憶が定かでなく、気づくと東京駅の新幹線のホームにいました」と語った。

箱庭28回目　森の領域と砂地の領域が作られ、森にはビー玉や天使が並べられる。森の樹には蛇がからまされる。砂地には犬を従えた白雪姫のアイテムが並べられる（写真15）。クライエントは「この森には人間の魂が置かれています。この天使は魂を森に運んでくる人です。蛇は監視する役目で、この女王がここの支配者ですかね」と説明した。

箱庭制作中のセラピストの想像活動　セラピスト自身も面接中に頭痛とともに物思いに耽り、眠くなり意識が朦朧とした。あたかも解離状態に陥っているようであった。また、面接終了後に、箱庭の作品からはクライエントが日常の世界からは遠い世界に住んでいることが想像された。

第41回面接　クライエントは「最近、学校では修学旅行の準備で忙しいのです。解離の方はまだあるようです。家にいるときに記憶がなくなり、気がつくと周囲が散らかっているのです」と語った。

箱庭29回目　ビー玉と餌を咥えた怪獣を数体置き、怪獣の背にカバを置いた。クライエントは「このビー玉は魂でしょうかね。怪獣の背に乗っているカバが私です」と説明した。

箱庭制作中のセラピストの想像活動　今回もセラピストは面接中に眠くなり、意識が朦朧とする体験をした。また、面接中に物想いに耽ることが多かった。そういうときには想像活動のなかで、高校生時代のセラピストのイメージが現れたり、改築される以前のセラピストの住居の勉強部屋に佇む高校生のセラピストの姿が現れた。当時のセラピストは両親（特に母親）からの干渉に苦しみ、ほとんど外出できない状態であったことが思い出された。セラピスト自身が想像活動を通して自らの心の傷に向かい合う作業が始まったものと考えられる。

第48回面接　クライエントは「相変わらず暑い日が続き，夜は寝苦しくてたまりません。友人から深夜ファックスが送られてきて，それへの相手をさせられていらいらしています……」と語った。

箱庭30回目　人間たちのサークルを囲むように怪獣が置かれる（写真16）。その中心には鶏が置かれた。クライエントは「これはかごめ，かごめです。後ろの正面に人間たちが気がつくと動物たちに襲われるというものです」と説明した。

箱庭制作中のセラピストの想像活動　今回の面接でも，セラピストが物想いに耽っているときに，息苦しい勉強部屋に佇むセラピストのイメージが現れるとともに，そういう自分が今この場（面接場面）で母親から監視されているような錯覚に陥った。なお，面接の後セラピストの想像活動の内容と，後ろをふりかえると猛獣に襲われるという箱庭作品の内容の共通性に驚かされた。

第51回面接　クライエントは「新学期に入り一日目は学校に行けたのですが，今日はどうしても行く気になれずに休んでしまいました。家にいるかぎり寝ていることも多いので解離は少なくなりました。もしかしたら，自分がいらいらすることや怒ることに多少は我慢強くなったのかもしれません」と症状の多少の軽減を語った。そして今回は箱庭は置かずに描画を行った。

描画２回目　熊の縫いぐるみのお化けを人間が操り人形のように操っている画を描いた（写真17）。クライエントは「これは妖怪だか妖精だかわからないものを人間が操り人形のように操縦するのです。しかし，妖怪は操縦者の気持ちも知らずなかなか思い通りに踊ってくれないのです。実は，操縦者は妖怪が本物ではなく，人間がかぶりものをしているだけなのを知らないのです」と説明した。

描画3回目　海のなかに巨大な海蛇（シー・サーペイント）を描いた。クライエントは「これは〈シー・サーペイントを見た〉という題です。この前テレビで一八〇〇年代に多くの人がシー・サーペイントを見たというお話に科学的な分析を加える番組がありました。番組では、それはおそらく蜃気楼か何かの一種で、アザラシのような動物が胴長の蛇のように見えたのではないかといっていました。でも私は、確かに科学的な分析を加えてしまったらそうかも知れないけど、シー・サーペイントが存在しても良いと思う。あえて分析をしないでそこにはそれなりの意味があると思うのですが……私の解離もそういうことなのかも知れません」と語った。今回はクライエントがあまりにも積極的に描画を行ったので、セラピストは後ろ向きになって想像活動に入るゆとりもなく、クライエントの作業を無念無想の状態で眺めていた。あたかもセラピストがクライエントになって描いているようであった。なお、面接後に、セラピストは最初の描画からクライエントの解離した状態とも読み取れる、妖怪の世界から本人が多少は距離がとれるようになったことが窺えた。二枚目の作品からはクライエントが症状の意味を発見して、内的世界とかかわりを持ち、それを理解しつつあることが窺われた。

第52回面接　クライエントは「今は休み中で家にいることが多くて、宿題を仕上げることで精一杯です。けれども最近は記憶がとぶことが少なくなりました……」と症状の軽減を語った。今回は箱庭を置かず、長い沈黙をセラピスト、クライエントがともに味わった。

セラピストの想像活動　今回もセラピストの物想いのなかで高校時代のセラピストが登場した。当時祖母が危篤だったときに、たいして看護をしなかった母に対して、学生服姿のセラピストが怒り狂い台所で母の髪をつかんで暴力をふるおうとしているイメージが浮かんできた（実際にはそういうことはなかった）。面接後にセラピスト自身の心の傷つきのどこかに母との関係があり、それをセラピストも面接場面で癒そうとしているのだろうなどと想像した。

第53回面接　クライエントは「相変わらず家で寝ていることが多いです。学校に行かないことが多いので母は切れることが多くて……もう母は昔から気分によってめちゃくちゃ人声を張り上げて人をどなったりして大変でした」と語った。

今回もクライエントは描画を行った。

描画4回目　モノクロで鬼婆と女の子を描いた。

セラピストの想像活動　今回も物想いのなかで、高校生のセラピストが登場して、階段を上って二階の勉強部屋に監視に来ようとしている母に対して書籍を投げるイメージが浮かんできた。

第54回面接　クライエントは「毎朝眠いけどどうにか学校に行っています。以前に比べると解離したり、記憶がとぶことが少なくなりました……それから最近神話を読むことに興味を覚えました。インド神話のカリーは戦闘の女神で好きです。北欧神話ではアレスが好きですね。アレスも殺伐の女神です。他の神々からひどい扱いばかりうけるのです……私にはどうしても戦いの神の方がぴったりします。それでも今私が一番好きな神はロキです。ロキはトリックスターとよばれています」と語った。

クライエントは今回も箱庭ではなく、二枚の絵を描いた。

描画5回目　口から火を吹いた女神がドラゴンを退治してその背中に乗っている絵が描かれた（写真18）。クライエントは「これは〈カリー魔神を倒す〉という題です」と説明した。

描画6回目　カリーが退治したドラゴンの体内から少女が誕生する絵が描かれた（写真19）。クライエントは「これは〈破壊神から創造神が産まれる〉という題です」と説明を加えた。

セラピストの想像活動　セラピストは今回も無念無想のような状態でクライエントの描画を眺めていたが前回同様にセラピスト自身があたかもクライエントになって描画している錯覚に陥った。面接の後、クライエントの描画や神話の説明から、母親の否定的な側面に直面対決しつつあることが推測された。さらに創造神の誕生からはクライエントの母親からの自立が連想された。

第3期——セラピストの想像活動が終息に向かう時期（X＋一年一一月〜X＋二年四月・第56〜63回面接）

第56回面接　クライエントの解離症状が終息に向かうとともに現実生活においては母親の反対を押し切り、自炊生活を行えるまでになった。そして、クライエントの置く箱庭には再び容器のイメージが登場した。やがて、クライエントは無事に高校を卒業することができた。一方、セラピストは面接場面におけるクライエントの語るエピソードが、現在直面している現実生活の課題に内容が絞られ、それに直面するにしたがって想像活動も少なくなっていった。

クライエントは「母親からの猛反対を押し切り、一人暮らしをすることになりました。高校が片道一時間半以上かかるのでレポートを書く時間も充分ではないし、補習を受けないと卒業もおぼつかないからです。アパートの準備もできました。学校でも、私がガスの元栓を締め忘れたり、火事を出したりすることが心配なようです。自分では一応注意するつもりです。今回も絵を描きます」と語った。

描画7回目　黒い人が穴に落ちそうな場面と、空にアドバルーンを描く。

クライエントは「これは〈落とし穴に落ちる〉というイメージです。突然，この人が道を歩いていると落とし穴にはまるというものですが，それでもこの風船は広い空に出ていこうとするところです」と語った。

セラピストの想像活動　セラピストは物想いにふけるなかで，かつて自分自身が下宿生活を始めた頃のことを思い出した。また，高校生としてのセラピスト自身があたかもいま親元から離れて下宿をするような錯覚に陥ったが，自由な気分を味わうことができた。なお，この回をもってセラピストが面接場面で物想いに耽ることが少なくなった。

第59回面接　クライエントは「もう大変ですが，とにかく学校へは何とか行っています。三月には卒業したいです。私は元気になってきました。このように元気な状態は中学時代には当たり前なことだったのです」と語った。

箱庭31回目　箱庭の中心に「ストップ」の表示版。周辺には自動車や人が倒れ，豹が机に座ってそれを眺めている。クライエントは「本当は街を破壊したい衝動にかられるんですけど，このようにストップがかかっているのです」と説明した。

第60回面接　クライエントは「とにかくやるしかないのですが，課題が膨大で毎日疲れてしまい，それに出席日数もカバーしなければならず大変です。死にものぐるいでがんばっています。それでも解離はおこりません」と説明した。

箱庭32回目　中心に椅子に座らせた豹を置き，それをピエロに防衛させる。周辺では兵士たちが撃ち合っている作品を置いた（写真20）。クライエントは「現在の心境を表わすとこうなります」と説明した。

セラピストの想像活動は終息していたが、面接の後、箱庭に再び守りとしての「錬金術的容器」を布置したことが窺われた。

第63回面接・最終回　クライエントは「卒業ができました。アルバイトをさがしています。少しずつゆっくりやっていこうと思っています。症状の方は大丈夫です」と解離が終息に向かっていることがここでも報告された。

箱庭33回目　樹木だけの森がおかれた。

クライエントは「樹だけの森です。森のなかには怖いものはありません」と説明した。セラピストには、森に「何もない」というところがかえって解離をまだ引きずっているように思えた。だが、症状が終息に向かっていることと無事卒業できたことを考え合わせ、話し合いで一応の終結とした。

Ⅳ　考　察

織田はセラピストの想像活動が心理療法の場面において治癒の機転に結びつくためにはセラピストとクライエントの布置による体験の共有性が重要であることに言及して、特にセラピスト側の布置のメカニズムのひとつとして変容性逆転移について取り上げた。そして「心理療法における治療者患者関係で特に大切なことは、治療者が患者との関係性のもとに、変容性逆転移を生きられるか否かということである」[3]とまで言い切った。また、変容性逆転移が成立するためには、セラピストとクライエントがともに守られる必要があり、内的守りの枠組みとしての錬金術的容器の布置が必要であると述べている[2]。

ところで錬金術的容器や変容性逆転移が成立するためには、セラピストの面接場面における心理的態度が重要であることはすでに理論編第４章で筆者が言及したとおりであるが、今回の症例でもセラピストがクライエントを援助することへの因果論的思考への囚われから解放され（第1期前半）、内向的になることで、治療場面における容器の布置が可能（第32回）となり、それとともにセラピストの想像活動は活性化され、変容性逆転移が成立してくる。たとえば、第41回面接では高校生としてのセラピストのイメージが現れ、あたかも高校生としてのセラピストが体験した当時の息苦しい勉強部屋に佇むような錯覚に襲われる。

ここで登場する高校生のイメージは、かつて母親から抑圧され監視され傷つけられた少年のイメージであり、現在のクライエントの姿にも重なるものである。ここに変容性逆転移の成立を見ることができよう。その後も高校生のイメージとしてのセラピストは第48回面接においても登場する。そのときセラピストは面接場面においても母親から監視されているような、直接的かつリアリティのある想像活動を体験する。そして以上のような体験を共有するようにクライエントは人間たちのサークルを囲むように猛獣を並べ、後ろの正面に気づくと猛獣に襲われるという箱庭を置く。ここではクライエントの体験が箱庭を介してより直接的に、より具体的になったものと考える。そしてこのような体験を通して、クライエントの症状は軽減していくが、第52回面接で想像活動のなかで少年時代のセラピストが母親に暴力をふるい、怒りを表出するイメージに同調するように、クライエントもまた鬼婆の描画を描いたり、さらには怒りの女神であるカリーがドラゴンを退治する場面も描き、母親への怒りを表現できるようになる。

以上のような内なる母に対する切断の作業も、描画などのイメージを通して充分に体験されたが故に、現実生活での母親への暴力などの直接的な行動化が避けられたものと考えられる。そして母親に自分の要求を主張して下宿生活を始め自立がはかられる。母親の否定的な側面に傷つけられた少年としてのセラピストの登場とその傷を癒す作業はまた、クライエントの傷を癒す作業にもつながり、破壊と怒りの神から創造神が生まれてくるプロセスでもあった。

事例研究3　セラピストの想像活動に布置した聖なる結婚式のイメージ

——重度の境界例成人女性への箱庭療法

Ⅰ　はじめに

織田は重篤なクライエントに対する心理療法を行う場合には、「錬金術的容器」に守られてセラピストとクライエントが融合し、両者に変容が促進されることが必要であることに言及している。そしてこれを「死のコンユンクチオ」と名づけた。織田は次のように述べている。

「死のコンユンクチオ、言葉を換えれば治療者と病者とが、死の体験を共有することについて語っていると考えてよいであろう。深い関わりのもとで両者が同時的に死を体験することによって、それぞれが新しく誕生する、つまり新しい自分になる」(4)。

ここでの「死のコンユンクチオ」は第3章で説明された「神秘的関与」の一側面であると考えることができよう。それは「生のコンユンクチオ」とともに対極的に存在するものである。「神秘的関与」における主体と客体の融合体験の深みにおいて行われるものでもある。

ここでの事例は医師から「重度の境界性人格障害」と診断された成人女子のケースである。ほとんどの面接場面で、セラピストの想像活動のなかに生のイメージ（生きている実感を伴うもの）とともに死のイメージ（実際の死に関するものや破壊的なイメージ）が布置したが、特に死を伴う結婚式のイメージが「死のコンユンクチオ」として象徴的な意味を持つものであったと考えられる。以下のイメージをセラピストが体験し、クライエントもまた箱庭のなかで体験することを通して症状も軽減していった。

II　事例の概要

クライエント――面接開始時・三十五歳（専業主婦）

主訴――慢性的な抑うつ

家族構成――本人・夫の二人家族

問題の経過・生育歴――クライエントのC子さんは、心理療法開始時は三十五歳の専業主婦であった。主訴は慢性的な抑うつ、空虚感、希死念慮、怒りがあり、さらに対人恐怖のために一人で外出できないというものであった。特に夫との日常生活で、些細な事で激しい怒りに囚われたり、夫と外出したときに駅のホームから彼を突き落とすのではないかという妄想に囚われ、苦しいとのことであった。

C子さんは、街工場経営者の父と専業主婦の母の長女として生まれた。同胞は二年下の妹一人。父親からは厳しい躾をされたほか、幼稚園、小学校時代と苛めを経験した。中学時代はほとんど不登校の状態を続け、それでも高校は私立高校に入学できたもののここでも苛めを経験して、建物からの飛び降り自殺を図る。幸い一命はとりとめたものの約一年間にわたり車椅子での通院生活を余儀なくされた。その後、精神病院に通院しつつ、通信制の高校を卒業した。卒業後は雑貨店などに勤めるが、対人緊張のために長続きをせず、二十二歳のときに再び大量服薬して自殺企図を行った。ここでも一命をとりとめるものの、その後は通院しながら家事手伝いを続け、三十四歳のときに現在の夫（当時三十七歳）と見合い結婚をした。夫の職業は行政書士であり、彼女の母方の遠縁であった。

主治医は統合失調症であるのか、境界性人格障害であるのかは明確には診断できないでいるとのことであった。本人からの要望もあり、箱庭療法を筆者の相談室で行うことになった。

Ⅲ　箱庭療法の経過

面接はX年八月から始められたが、クライエントの体調不良のために来所できることが少なく、X年一一月より本格的に来所できるようになった。面接の頻度は一応二週に一度であったが、クライエントの状態により三週に一度になることも多々あった。約二〇回の面接を行い、ほとんど毎回箱庭を置いた。箱庭制作中のセラピストの想像活動に「結婚式」のイメージが布置して箱庭に中心化が見られ、外出などができるようになるまでを第1期、新しい住居に引っ越し、夫との結婚生活がそれなりに安定してくるまでを第2期とした。

第1期（X年一一月〜X＋一年四月・初回〜第8回面接）

第1期ではセラピストの想像活動に過去のセラピスト自身の少年時代の故郷の寂しい風景や、グランドにうち捨てられたブーケ（花束）のイメージ、これらとは対極的に合格発表を見る女子高生のイメージなどが出てきた。クライエントのつくる箱庭もクライエントのイメージに近い公園に寂しく佇む女性や、赤いリンゴが不安定に置かれる作品などがあった。以上の自然発生したイメージにセラピストが慣れるにしたがって、脆弱ではあるが容器のイメージが箱庭に表現され、さらに、セラピストの想像活動のなかで、クライエントと夫との結婚式のイメージが布置した。以上のような面接の経過とともに、クライエントは少しずつ一人で外出できたり、投薬の量が減るようになった。

初回面接　クライエントは「最近は寂しい気持ちが少しだけ和らいでいます。夫と電車に乗ってここに来ましたが、下を向いていればさほど怖くはありませんでした。ただし、ストレスが強くなると胃の痛みが激しく、内科でも調べてもらいましたが異常はないということでした」と語り、箱庭の制作に入った。

箱庭1回目　中心にガラス玉を並べ、箱庭の左上には西洋風の城、他の隅には椅子の上に天女に守られたリンゴなどが並べられた（写真21）。

クライエントは「きれいな景色をイメージしました。川が流れています。大切な物を守る人たちがいます。箱庭を置きながら、自分の心を覗くゆとりも今回はありました。それから、私は自分のことをどうしても相手に伝えられない。表現できないところがあるのです。自分の心のなかで何かが自分を抑えてしまうのです。苦しいです。おそらく育ってきた環境でそうなったのだと思います。この先、主人や自分がどうなってしまうのかがとても心配です」と語った。

箱庭制作中のセラピストの想像活動　田植えをするクライエントの姿が見える。やがて箱庭を制作するクライエントのイメージに変わる。突然、赤く傷ついた皮膚が生々しく見える蝉のような虫のイメージが現れる。すると今度は高校生時代のセラピストが回想され〈私は誤った人生を生きてしまった。私は本当は自分のことを理解してくれる他者を望んでいたのだ。そしてもがき苦しんできたのだ。けれども真実理解しあえる他者が存在するかもしれない〉などという想念が浮かんできた。やがて、椅子が現れ、次に大きなワニが白い鶏をひきちぎりながらくわえる残酷なイメージに変わる。そして、汚い子豚が穴から出られずもがき苦しんでいるイメージが現れる。最後に、真冬の寂しい田園が見える。

なお、クライエントの箱庭終了後は、セラピストが幼いときに親切にしてくれた親戚の家があった村と家のイメージがあらわれた。もう一度、そこに行ってみたいけれども行けない。「さようなら、さようなら」という想念が浮かんだ。

以上のようなこれからの心理療法の希望的な観測とも受け取れる想念と、残酷で寂寞感あふれるイメージの対極的な布置にたいして、セラピストは面接終了後も疲労感を覚えざるを得なかった。

第2回面接　クライエントは「極端に寂しさを感じることが少なくなってきた。夫も家にいてくれることが多くなった。ここに来るときやSクリニックにいくときには胸のあたりが苦しくなる。夫が緊張が強いためだと言うがその通りだと思う。それから、前回箱庭制作中に自分のことをかなり客観的に見ようとしたので、その後自分が嫌になり、落ち込みが激しかったです……」と語った。

セラピストの想像活動　ブーケがグランドに置き忘れられ、その上に砂埃が舞っている寂しいイメージ。

するとクライエントは「それでも夫とフィットネスクラブに行きはじめました。夫が一緒だと外出は多少できます。体力がつかないと外出もできないと思うからです。それに何もしないと何もしないことに不安を感じてしまいます」と語った。ゆっくりと時を刻む古い時計のイメージ。

沈黙の後クライエントは「独身時代は就職も決まらず、家族からも認めてもらえなかった。結婚してからは、死んではいけないと、多少は死ぬことに怯えるようになりました。身体に多少異変が起こると今度はそのことに囚われてしまいます……」と語った。

箱庭2回目　箱庭の中央に川がつくられ、川を挟んで上部は街並。そこに女性が一人置かれる。川を挟んだ下部は木々と時計台が置かれる。

クライエントは「今回はあまり考えないで置きました。家が建ち並び、普通の人たちが普通の暮らしをしている風景です。女の人が外に出て本を読んでいます」と語った。

箱庭制作中のセラピストの想像活動　五〇年前のセラピストの故郷の村のイメージ。茅葺きの家並。竹藪、暗いトイレ。土臭い庭。寒くて凍えそうな農家の縁側。砂利道を砂埃たてて走るトラック。貧しい家々。寂しい村のイメージ。ジーゼル列車の走る駅。発車の警笛。なにもかもが寂しくてやりきれない。何て寂しいのだろう。すでに滅びてしまった故郷の村のイメージ。再び置き忘れられたブーケのイメージ。そして、最後は、これまでのイメージとうって変わり大学の合格発表を見ている女子高生のイメージが出てきた。今回も寂寞感あふれるイメージと大学の合格発表を見る高校生のイメージの対極性に強い印象を受けた。

第3回面接　クライエントは「前回はお約束した日時に身体の調子が悪く、こちらに来られずまた不安感に襲われました。主人が仕事をしているときに、自分に注意や関心を向けてくれないと胸が苦しくなってしまう。この人は私のことを必要としていないのではないかと一人ぼっちの孤独感に陥り怒りも出てきます。それでも何とか持ちこたえています。それから、昨日、ようやくショッピングに主人と出かけられたのは良かったのですが、そこの店員から何か誤解されているのではという思いに囚われ、主人のコートに、万引きしたのではと疑われるので携帯電話を入れないでと頼みました。でも理解されずに不快になって、もうこの店には当分行けないと考えてしまいました。こういう思考にがんじがらめにされてしまうのです。それから独身時代のことなのですが、父親とうまくいきませんでした。父は子どものことは何でも分かっているという思いこみが強く、そういう父から逃れるために逃げ出しました。父の考えている自分になってしまう気がして……けれどもそう思われてもしかたがないことを幼いときからしていたことは確かです。どうして現在の私を見てくれないのか反発心がありました。それから、病気が治った自分はどうなるのかという不安があり、夫に尋ねたら、〈寂しさが今ほど外にはでないのではないか。ただし、性格は変わらないかも知れない〉と言われ再び不安感を感じてしまいました」と語った。

セラピストの想像活動　丘の高台から眺めた美しく寂しい街明かりのイメージ。すでに心理療法が終結して二度と現れないであろう、長年相談室に通っていた別のクライエントの美しい顔立ちのイメージ。けれども、心理療法が終結してもセラピストには一抹の寂しさが余韻のようにいつまでも、いつまでも残っていた……。

以上のようにセラピストが沈黙して想像活動に入った後、続いてクライエントは「主人の実家に電話をしたら義父から一方的に話しをされ、嫌われているのではないかと苦しんだ。人の声のトーンでその人が私のことをどう思っているのか気になってしまう。悪い方に考えてしまうのですね。……それから結婚したてのときには症状が重く、狂人（本人の発言のまま）でした」と語った。

セラピストの想像活動　寂しさを実感する。再び二度と戻らないであろう元気になっていった昔の相談室のクライエントの顔が浮かんできた。

箱庭3回目　街並の家々と寂しい感じの公園。公園には女性と石が置かれ池が作られた。隅に置かれた椅子にはリンゴがのせられていた（写真22）。クライエントは「周囲の石だけが空想の世界のものです。後はよくわかりませんが、とても寂しいです」と説明した。

箱庭制作中のセラピストの想像活動　グランドの砂地に置き忘れられたブーケのイメージ。砂埃が舞う。寂しい里山を背にした黒いトタン屋根の貧しい造りの家のなかにいるクライエントのイメージ。寒い冬の日。クライエントは炊事場で冷たい水道の水を出し、まな板を用いて食事の準備をしている。庭には白い犬が鎖につながれている。突然セラピストの鳩尾が不安感で痛くなる。五〇年前の我が家のイメージ。押し入れが見える。やがて、昔、居場所の無かったセラピストの姿が現れる。最後は、五〇年前の故郷の神社の寂しい境内のイメージ。

箱庭終了後、寂しい公園のなかの女性は現在のクライエントであるような印象をうけた。また、周辺の石は守りであり支えであるが、それがクライエントのエピソードからはまだ充分に成立していないことが窺われた。

第４回面接　クライエントは「主人が夜遅くまで仕事をしているときにとても不安になり、自分の机を書斎にまで運び主人の隣で本を読んだりしています。感情が爆発したり突然泣き出してしまうときには主人が〈そうやって自分のなかで昇華しようとしているのだから〉と言ってくれる。しかし、主人と電車に乗るときなど理由もなく駅のホームから突き落としたいという衝動にかられたり、車中の向かいの席の人に襲われるという妄想に囚われてしまいます」と語った。

箱庭４回目　箱庭の四隅に椅子が置かれ、椅子の上には無造作に、石やリンゴが置かれ、箱庭の中心には真っ赤なリンゴが置かれた（写真23）。クライエントは「何だか最初はいろいろと考えてしまいましたけど、取り組んでいるうちに夢中になりこうしたものが出来上がりました」と説明した。

美しい宝石の原石のイメージと中心におかれたリンゴのイメージとの対応性が感じられた。まだ脆弱であるが「錬金術的容器」が布置しつつあるような印象を受けた。

箱庭制作中のセラピストの想像活動　箱庭に花を置くクライエントのイメージ。クライエントにはいろとりどりの花が似合うようである。湖も作り貝などを置くが、やがてそうしたイメージが消えてしまい、激しい不安感に襲われる。寂しい冬の川原で石を積むクライエントの姿。すると突然、美しい宝石の原石のようなイメージがわきあがる。遊園地の美しいイルミネーションのイメージが出てくる。

第5回面接　クライエントは「無気力に襲われて何もする気がおこりません。一昨日、主人が読書をしていて私はぼーっとしていました。そのとき、突然見捨てられたような気持ちになり、泣いたり、椅子を倒したりして気持ちがどんどん荒んでいきました。そうしたら、今度はそういう自分が嫌になり、一体こういう気持ちをどこにぶつけたらと苦しみました。それでも睡眠はよくとれるようになりました」と語った。

セラピストの想像活動　寂しい真冬の居間にひとりぽつねんとしているクライエントのイメージが浮かんできた。

箱庭5回目　貯水池のある公園と町並みを置いた。

クライエントは「ゆったりした気持ちで普通の街並をつくりましたが寂しい感じです。これは貯水池です。それから、やはり日常生活で怖い場面をよく想像します。たとえば、刺繍をしているときに、この針を主人の目に刺したらどうなるかとか、風呂の水が汚れているのが異常に気になってばい菌を想像したり、テレビのコンセントから水が出たらどうしようなどとあり得ないことに悩むのです。そして不安感に襲われるのです」と語った。

箱庭制作中のセラピストの想像活動　貧しい昭和初期の和室の住宅。和室にはほのかな光が射している。クライエントが静かに縫い物をしている。夫がガスコンロのスイッチをきり、沸いた湯をポットに入れている。静かな冬のある日のイメージである。外は寒々としていて木造の校舎と校庭がある。そして、校庭にうち捨てられた赤いブーケのイメージ。しかし、この校庭の土を見ていると寂しさのなかにも安らぎを感じることができる。すると、突然、イメージが大きく変化して恐ろしい形相の大魔神のイメージが現れる。恐ろしい怒りそのもののすさまじい形相である。もし父なるものが存在するとしたらこんなイメージであろう。今度はクライエントが大魔神に見つめられながら箱庭を置くイメージ。魔神の周辺には、緑色の亀や蛇がのたうちまわっている。やがて、イメージが変わり、買い物籠を持ち、おぼつかない足どりで家路に向かうクライエントの姿が見える。亀のような動物の死骸から斑色のエビのような虫が多数蠢いているイメージ。霊柩車に棺を運ぶクライエントのイメージ。そうした悲惨さがあってもクライエントの姿にはほのぼのとした光もある。最後は貯水池の近くにいるクライエントの姿が見える。なお、クライエントが箱庭を説明している間、セラピストには恐ろしい大魔神がこちらに頭を向けてくるイメージが見える。

今回の想像活動でもセラピストは対極的なイメージを生々しく体験させられたが、それをあるがままに受け入れることができた。

第6回面接　クライエントは「主治医からリスパダール（投薬名）を減らされました。主人が夜、仕事をしていて、こちらに注意を向けてくれない時間は辛いです。でもその他の日常では不思議と寂しいという気持ちが減ってきました。それから最近は部屋の模様替えなどしていますが、そうしたことがどうもここでの箱庭療法で何かを制作することと関係がありそうです」と語った。

箱庭6回目　中心近くに池が作られ、池には貝が置かれた。周辺はガラス玉が散りまかれ、三隅には椅子とその上にはガラス玉が置かれた。赤いリンゴは左上に置かれた（写真24）。クライエントは「心がとても落ち着きました」と説明した。中心に池が置かれたのは今回がはじめてであった。

箱庭制作中のセラピストの想像活動　大蛇の皮のイメージが見えてきたが即座にクライエントの優しく穏

やかな姿に変わった。寂しい冬の公園に佇むクライエントの姿である。やがてイメージが変化して、白無垢の花嫁衣装を着ているクライエントの姿に変わる。古い木造の日本家屋が見える。クライエントの着付けを紋付きを着た女性が手伝っている。ただしクライエントの表情は明らかに死者のものであり、花嫁は死者である。突然「高砂」の謡が聞こえてくる。貧しい昭和初期の木造住宅の和室で結婚式が執り行われるイメージが現れる。紋付きを着たクライエントの夫とクライエントが杯を交わす。二人の手元は、ともに緊張で震えている。貧しい庭には白い鶏が放たれている。結婚式が行われている和室には古い柱時計が見える。家の造りは質素であるが、貧しさと慎み深さがにじみ出ている。それは、セラピストがこれまでの人生で経験したいかなる結婚式よりも「神聖」な感じがする。そこには寂しさとともに真実があるような気がする。部屋の雰囲気は和やかで、年老いた仲人たちは和服を着ている。庭には紅梅が見え、ウグイスが枝に止まるイメージも見えた。突然セラピストの頬に涙が滴となって落ちてきた。やがて、恵比寿、大黒天のイメージが現れる。そして次に井戸が見え、井戸の底には水面がきらきらと輝いて見えた。以上のイメージの体験中、セラピストは激しい抑うつ感に襲われ続けた。さらに今回の面接の後、突然気管支喘息を一時的に発症させるというアクシデントがあった。またインフルエンザにもかかり、そのため面接の約束を一回キャンセルしなければならなかった。喘息は奇しくもクライエントが日頃苦しんでいる症状でもあった。

第7回面接　クライエントは「この前のカウンセリングの後二週間は、鬱っぽかったのですがとても落ち着いていていました。一人でも外出できるようになりました。ところが先生から面接のキャンセルがあり、その後ストレスがたまり一時的に不安感に襲われたりしました」と語った。

セラピストの想像活動　セラピストが、城のある山の高台に立って城下を眺めているイメージ。

するとクライエントは「多少の鬱はあってもその後は落ち着いてきて普通の生活に戻れました。自分一人でいられる時間もつくることができ、それが当たり前のようになっています。フィットネスクラブにも一週間に三回も主人と一緒に通っています。ストレスがプールのなかの水となって流れていくような気がします。確かに前向きにはなれています。一人でも早起きができるようになりましたがやはり周囲の視線が気になります。そういうときには逆に睨みかえしてしまうようで、主人から注意されました。それから最近過去の出来事などが心に浮かんできます。プライドの強い友人がいて何かと競争心を煽られたことなど……私は彼女をみかえしてやりたいと思いましたが、それは私の劣等感かもしれません。寂しい気持ちや孤独な気持ちは相変わらずですね……」と語った。

箱庭7回目　城と森それに中心近くに二つの切り株を置いた（写真25）。クライエントは「一応完成しました。あいかわらず寂しいですね」と言った。

箱庭制作中のセラピストの想像活動　淡いピンク色の花の蕾のイメージ。赤いブーケのイメージ。今回のブーケは捨てられている感じはしない。やがてクライエントの姿が見える。どこか懐かしい姿である。次に美しい花嫁衣装を身につけた別のクライエントのイメージが現れ、現在のクライエントの姿がそれに重なる。ただし、花嫁衣装はどこか死に装束のような感じがしないでもない。墓石のイメージが見える。今回の想像活動でも対極的なイメージが現れ、再び抑うつ感に襲われた。

第８回面接　クライエントは「落ち着いています。最近は主人とよくフィットネスに出かけます。主人と生活がかみあわないことが以前は耐えられませんでしたが、今は何とか持ちこたえています。それから、恐怖心に襲われることが少なくなりました。もちろん多少はありますけれども……それでも外出して喫茶店で三時間くらいは読書できるようになりました。薬の量も一〇分の一くらいまでに減りました」と語った。

箱庭8回目　椅子を三つと机、リンゴを並べる。机の上にはスタンド。

クライエントは「自分のなかで解放された広々したものを置きたかったのです。圧迫感のあるものは駄目ですね」と説明した。今回初めて、これまでの寂しい外の世界のイメージと異なる室内の生活空間が表現された印象を受けた。

箱庭制作中のセラピストの想像活動　大きな亀が徘徊しているイメージが浮かんできた。やがて池にはピンク色の花びらが浮いているイメージに変わる。さらにクライエントがサクランボを枝からもぎ取り、それを眺めているイメージに変わる。クライエントはそれを口にふくんでいる。その後、春の日差しのなか、クライエントの夫が彼女の手を引いて穏やかな里山を登っていくイメージに変わる。イメージはさらに変化して保育園のグランドが見え、白い鶏が放たれている。すると突然、巨大な竜が現れ、鼻から白い息を吐き出す。亀のイメージも現れる。再び、夫がクライエントの手を引いて里山を登るイメージに変化する。

第2期（X＋一年五月～一〇月・第9～15回面接）

この時期のセラピストの想像活動では、クライエント夫婦がおぼつかない足どりであるにもかかわらず日常生活を営むイメージが現れる一方で、昔、交通事故死してばらばらに損壊したセラピストの従兄弟のイメージなど、あいかわらず対極的なイメージが交互に何度も現れた。セラピストがそうしたイメージに慣れ、抱えられるようになることで箱庭にも再び中心化が表現された。また、川を挟んだ二件の家が赤い橋で繋がる作品が置かれるようになり、クライエントの夫への依存的傾向も軽減され、日常生活も可能になってきた。

第９回面接　クライエントは「今回まではかなり安定しています。家事なども少しずつやっています。もちろんまだ漠然とした不安感はあります。寂しさもありますが朝は一人で起きて何とかやれています。それから、主人がプールで背泳ぎをしてる私をゆっくり誘導してくれ、病気も流れてしまう夢を見ました。この夢には感動しました。主人もあせらずゆっくりやろうと言ってくれています。とてもすがすがしい思いで目が覚めました」と語った。

箱庭９回目　中心近くに池を作り、池には船を置く。右上端と左下端に家を置いた。クライエントは「最初はいろいろと置いたのですが、最終的にこんな作品ができました。それから今日はE市の旧跡を主人と一緒に訪ねたいと思います」と語った。

箱庭制作中のセラピストの想像活動　箱庭の中心に大木が置かれるイメージが現れる。石が見える。昔、我が家の庭にあった石のイメージである。続いて鄙《ひな》びた温泉街のイメージが現れる。なんと寂しく味気ない風景であろうか。そしてクライエントの夫がクライエントの手を引いて石段を登っている。二人は世間から取り残され、静かで寂しい雰囲気をたたえているが、そこには確かな信頼の空気が流れていて二人だけの世界が確実に作られている。突然、血まみれで包帯をしてミイラのようになってしまった夫のイメージに変わる。クライエントが夫の墓の前にひざまづいており、墓には花輪が架けられている。クライエントは白い着物を着ている。クライエントの前には短刀が置かれている。その後、イメージが変化して林とゴルフ場のような風景が広がる。この風景を眺めていると何となく新しい世界が開けるような気持ちになる。私はあまりにも過去の風景に囚われていたような感じがする。

過去の風景とは明らかに異なるものであるのに……すると再び塚のような墓のイメージが現れ、その上に葬儀の飾りが立てられている。土俗的な墓である。たくさんの人間の手が塚から出ている。

今回も対極的なイメージが現れ、セラピストは気管支喘息の発作が出てくる前の息苦しさを感じたが、何とかイメージをあるがままに観ることができて、それを持ちこたえることができた。

第10回面接　クライエントは「最近再び、時として一人で家にいるときには身を切られるような寂しさと孤独感に襲われます。そういうときには喫茶店に入って気を紛らわしています。それから以前は、主人と意見が合わないときには孤独感と寂しさにとらわれ、何とかして主人を困らせてやろうという思いがとても激しかったのですが、最近ではそうした思いを避けることができるようになりました。不思議です。体調に関しては、喘息が出てきたのですが呼吸ができなくなるほどではありません」と語った。

セラピストの想像活動　薔薇のブーケのイメージが現れる。けれどもそれには置き忘れられた寂しさは感じられない。

箱庭10回目　箱庭の右側に椅子と机が置かれる。椅子は三脚置かれ、それぞれには石やガラス玉がのせられる。中心の机にはスタンドが置かれる。左側には大きなリンゴと貝殻が散りばめられる。クライエントは「置きたいと思ったのはこのテーブルですね」と説明した。今回も室内の生活空間が表現された。

箱庭制作中のセラピストの想像活動　グランドにブーケが置かれている。砂埃が見える。クライエントがブーケの中心に入るイメージが浮かんでくる。ブーケの花は薔薇の花である。やがて、大きなリンゴのイメージが見える。周囲は囲まれているが守りは充分ではない。その後、クライエントの夫が時間の止まっているような林のなかにいるイメージが見える。さらに、白い透明な羽をつけた鳥のイメージが現れるが、赤い鶏冠の鮮やかさとは対照的に弱々しい感じである。セラピストの鳩尾に不安感がたまっているような感じがした。

第11回面接　クライエントは「引っ越しのことを考えるとやはり不安になります。新居の近くに森があり、森は幼いときから駄目でした。不吉なことが起こるのではないかと考えてしまいます。主人は私が家事を含め随分いろいろなことができるようになったと言ってはくれていますが、自分は何もやっていないように思ってしまいます。それにもかかわらず気持ちは楽になれています。結婚したての自分は広い荒野にうち捨てられ、風にふかれ、さらされているようなたよりない存在だったと思います。それが今は主人に支えられています。それは弱々しく指先で支えられているような感じです。それでも主人は私がいるからがんばれると言ってくれる。自分は価値のない人間ではないと多少は思えるようになりました」と語った。

セラピストの想像活動　抑えても、抑えてもセラピストの目に涙があふれてきた。うち捨てられたブーケのイメージとその中心にクライエントが入るイメージが今回のエピソードに繋がっているように感じられ、感動した。

箱庭11回目　箱庭のほぼ中心に三脚の椅子とテーブルを置き、テーブルにはスタンドを置いた。椅子には前回同様に石やガラス玉をのせ、大きなリンゴを右端に置いた。クライエントは「いろいろな気持ちの狭間にたたされましたが、とりあえずこういう状態です」と説明した。

箱庭制作中のセラピストの想像活動　おおきなムカデのイメージが浮かんできた。箱庭にそのムカデがいるが、醜いムカデが大きな赤いリンゴを愛しむように守っている。不思議である。醜いものの権化が美しいリンゴを守ることができるなんて……やがてクライエントの姿が見える。続いて巨大な青虫のイメージ。箱庭には川が流れている。巨大な青虫が蠢いている。最後に美しい公園のイメージが現れるがそこにも醜い青虫がいる。クライエントは虫の近くで石を並べている。

今回も対極的なイメージが多く現れたが、セラピストにはさほど苦ではなかった。また、この面接以降、クライエントの引っ越しのため心理療法を一カ月間中断した。

第12回面接　クライエントは「荷造りの箱に囲まれているとおかしくなりそうです。それでも主人と二人でここで新しい生活が始まると思うと多少の愛着がわいてきました。ピアノをおもいきり弾けるのが楽しみです」と語った。

セラピストの想像活動　巨大なムカデが徘徊するイメージが浮かび、続いてクライエントとその夫が川の流れを見つめているイメージに変わる。

以上のようなセラピストの想像活動とともに、クライエントは「老後のことを考えるとがんばって少しづつ働くことができるようになりたい。最近、主人に初めてうちあけることができるようになりました。屈折した、父に対する愛情のことです。たとえば父は、私が皮膚病を患ったときに、変なことをしたのではないかと疑い、その他の些細な出来事に対しても必要以上に疑いました。夫も私の父のことを娘に対して厳し過ぎると言っていました。けれども父にも良いところはあるのです。父は私ががんばるとよく誉めてくれました。最近ひとつのことに集中していると寂しさに打ち勝つことができます」と語った。

セラピストの想像活動　川面がきらきら光りながら水の流れるイメージ。

箱庭12回目　中心に色とりどりのガラス玉をちりばめ、それを守るように真っ赤な唐辛子を四方向に置いた（写真26）。箱庭に再び守りが成立したような印象を受けた。クライエントは「楽しかったです。

遊びの気持ちで置きました。それからかつては満たされない気持ちを買い物で紛らわそうとしたことがありましたが、今ではあるもので我慢できるようになりました」と説明した。

箱庭制作中のセラピストの想像活動　川が流れているイメージ。お互い手を握り合いそれを眺めているクライエントと夫の姿。突然、美しい三毛猫のイメージが現れる。以前にセラピストが飼っていた猫である。クライエントよりも美しい感じがする。やがて箱庭を不安気に置くクライエントの姿が見える。突然、色とりどりの美しいプリンやゼリーが現れ、それをおいしそうに食べるクライエントのイメージが浮かんでくる。確かに面接場面に暖かな空気が流れている感じがした。

今回セラピストは、箱庭作品との共通性に感動するとともに箱庭に中心化が現れた印象を受けた。

第13回面接　クライエントは「引っ越しで疲れ、その反動で気持ちがすさんでいましたが今は大変落ち着いています。新しい環境にはまだ充分に慣れていません。でも、ピアノは思いきり弾けます。荷物の整理をすることも集中すれば好きです。それでも夫との間で新聞を取るとらないで喧嘩になり、夫は新聞の件でかつてヤクザに絡まれたことを思い出し、私は自殺未遂のことを想い出しました。互いにそういうことには触れないようにということで話し合いができました。激しい感情がこみあげてきても冷静になることが早くなったと思います。些細な口喧嘩で寂しく見捨てられる気持ちが強くなりますが、それにもかかわらずこの人は見捨てないであろうという信頼が心のどこかにあります。それから最近、過去のことがよく想い出されてきます。特に父のことです。〈お前は失敗作品〉だとか〈できそこない〉とかよく言われました。幼いときにしかられたことをひとつひとつ想い出すのです。どうしてそういうことを言われなければならないのか。でも私が主人にあたると〈お父さんそっくりだよ〉と言われ、父も境界例ではないかと考えてしまいます。それでも、これが屈折した愛情の表現だったのかも知れない。（言葉がつまる）父は愛情が深い人だったのかも知れないのです……」と語った。

セラピストの想像活動　クライエントと夫が庭に夏草の生い茂る日本風の家で木製の風呂を薪で沸かす準備をしてる。クライエントが薪を運び、夫は風呂桶を修理して水を入れている。外は夏草の臭いがむんむんとする。夕暮れが迫っている。セラピストには緊張が走るが、二人の間には安心できる空気が流れている。

クライエントは「父は私が資格をとったり絵が上手だったことをとても喜んでくれました。私が二歳で本が読めるようになったので、そのことを期待してしまい、その後、私が喘息になったりおかしくなったりして期待はずれだったと言っていたそうです。けれどもそんな父も幾分は寛容になりました」と語った。

箱庭13回目　右端は城と木々を置き、中心に切り株、その上に透明なガラス玉を置いた。左端にはリンゴが置かれた。箱庭の中心に置かれた切り株の上のガラス玉が輝いていた。

クライエントは「少しぴったりきます。今の住居が心に浮かびそこからイメージしました。それから主人が風呂桶を修繕してくれ、とても落ち着いて入浴できるようになりました」と説明した。

箱庭制作中のセラピストの想像活動　もくもくとクライエントは薪を運び、夫は汗を拭きながら風呂桶を修理している。すると突然巨大なムカデのイメージが現れる。鶏のイメージも出てくる。四五年前の従兄弟の家のイメージが浮かぶ。その庭の黒土のイメージ。やがて今は無くなってしまった故郷の近隣の風景。寂しく無意味で、私の過去はひとつの無意味な物語のプロットにすぎなかったという想念が浮かんでくる。私の人生が、育ちも何もかもがひとつの物語であり、その物語の世界と私が分離していくような想念にとらわれる。物寂しい無意味な世界。やがて、クライエントと夫がちゃぶ台で沈黙のなかで食事をしているイメージが出てくる。二人は何もしゃべらない。クライエントは気むずかしい顔をしている。何か文句を言いたげであるが夫は無視して食事をする。夫は落ち着いている。そこには嘘のない生活の感じがする。最後は亀と浦島太郎のイメージが浮かび、クライエントの顔が鮮やかに見える。

クライエントの箱庭へのコメントとセラピストの想像活動の内容の一部の共通性に今回も驚かされた。

第14回面接　クライエントは「引っ越しの疲れもとれ、規則正しく朝の六時頃起きています。感情の激することが本当に少なくなりました。自分たちの生活のリズムができつつあります」と語った。

セラピストの想像活動　セラピストの過去の物語。丘の上から、はるか昔に幼少期に遊びにいった従兄弟の家が見える。

クライエントは「自分たちの生活の身のまわりを整えると充実感があります。幼い頃の夢はピアノを弾くことでした。引っ越しの後片付けが終わったのでもっと弾きたいと思います。それからカラー・コーディネーターの一級の資格もとりたいです」と語った。

セラピストの想像活動　貧しい従兄弟の家。夏休み。叔父が宿題の工作を工場の廃品を使って作ってくれているイメージ。

クライエントは「以前は満たされない気持ちを新しいものを買うことで満たそうとしていました。でも最近は、今あるもので我慢でき、そういうことがなくなりました。落ち着いてきたことは確かです。それから主人の態度がそっけなくても、私を見捨てないという信頼はあります」と語った。

セラピストの想像活動　クライエントと夫がマンションの一室で生活している。床はフローリング。机にはパソコンが置かれている。やがて曼珠沙華の咲き乱れる谷のイメージが浮かぶ。双代道祖神のイメージが出てくる。クライエントが花の一輪を折り、夫に手向ける。夫は喜んでいる。

箱庭14回目　川を挟んでたつ二軒の家が橋で結ばれる（写真27）。クライエントは「これはお互いの家を行き来できる家族イメージが心に浮かんできたので置きました。今回は砂の感覚を充分に味わえました」と説明した。

今回もセラピストの想像活動とクライエントの置く箱庭の対応性に驚愕した。

箱庭制作中のセラピストの想像活動　再び双代道祖神のイメージが現れる。そのとき、クライエントの夫が若い日のセラピストと入れ替わる。夫であるセラピストがクライエントの写真をとっていると、今度はクライエントがセラピストの妻と入れ替わる。やがて箱庭を置くクライエントのイメージに変わる。ひたむきに何度でも並べ替え、ぴったりくるアイテムを選んでいる。確かにエネルギーが出てきた感じがする。

突然セラピストが激しい疲労感に襲われる。セラピスト自身の過去とは何であったのかという思いにとらわれる。セラピストは誕生してから今日まで、一度として安心できる生活を送ったことがないのではないか。もしかしたらセラピストは重い病に冒されていたのかも知れない。「何者、何者にもなれない。ただ、家族の物語のなかの操り人形にすぎなかった」という思いにとらわれ、鳩尾が痛くなる。セラピストと両親との関係、結婚当初から現在までのセラピストの夫婦関係などが想起される。けれども半面には、この無意味さに耐えることに意味があるのではないかという想念もうかんでくる。

すると突然、もう一度イメージが入れ替わる。セラピストはクライエントの夫になり、セラピストの妻はクライエントとなり、元の状態にもどる。クライエントと夫が再び秋の空の下、曼珠沙華の谷にいる。クライエントは額に皺をよせて面白くないという表情をしている。夫はそれを気にしないでクライエントを包んでいるようである。さらにイメージは変化してセラピストの従兄弟の死体のイメージが想起される。交通事故でばらばらになった死体が痛々しく包帯に包まれている。すさまじい光景であるが，再びクライエントの手をひく夫のイメージが出てきて安心する。

第15回面接　クライエントは「新居にも落ち着き，外出もしています。けれども夫から離れると，自分の身体の一部が切り離されるほどの不安感に襲われるときがたまにあります。子どもが母親に泣きついて側にいて欲しいという気持ちにも近いです。それから不思議なことがおこりました。夫と私が別れ彼との距離を感じ，この人は私とは他人でこれまで考えたことのない別の人生を生きている。だから自分のことは自分で守り考えればよいのだ。そのとき光が見えてきた感じです。それから先生これを見てください。私だけの名刺を，自信をつけるためにつくりました。最近は新しい台所に立って料理などもしています。それから私の知らない人と婚約して破談になった夢をみました。母が夢にでてきて慰めてくれましたけど落ち込みませんでした。主人と食事をしている夢もみました」と語る。

セラピストの想像活動　周囲は収穫の終わった田園地帯。川がどこまでも流れてゆくイメージ。

クライエントは「フィットネスにも一人で行く機会が増えました。家の周辺は里山です。駅に近づくと住宅地になります」と語った。

箱庭15回目　中心に大きな池，左側に城，右側にベンチをはさんで二軒の家を置いた。クライエントは「砂の感触が素敵でいつまでも味わっていました。湖を作ってみました。昨夜主人と『星に願いを』という映画を見ました。これからも映画や演奏会には出かけて行きたいです。何となくこうしたものができました」と説明した。

箱庭制作中のセラピストの想像活動　曼珠沙華の咲き乱れる野の道のイメージ。クライエントは自然体で歩いている。けれどもセラピストには激しい不安感と抑うつが襲う。胸に不安感がわだかまっているようである。やがて不安を抱えながら野の道を行くクライエントのイメージが見える。その姿はクライエントなのかセラピストなのか区別がつかない。クライエントの夫とクライエントのイメージ。双代道祖神のイメージ。秋晴れの村境，二人はハイキングにきている。夫が肩に水筒をかけている。クライエントは髪をしっかりと結んでいる。金属性の安定した櫓のイメージが現れる。続いて包丁を持ち家事をしているクライエントのイメージに変わる。すると今度は皮膚のあらわになったバッタのようなイメージが現れる。昆虫のイメージには初回面接のときのものとは異なり，傷がない。みずみずしい赤い色をしている。黒い蛇が焼かれ黒こげになって樹にからみついているイメージが浮かぶ。そのとき，クライエントのこの不安はセラピストのものであり，クライエントのものであるという想念が浮かぶ。私の心を大切に扱ってくれない家族への怒りである。しかし半面それも過去の物語であり思い出にすぎないという想念が浮かぶと，セラピストとクライエントが別人であることを実感する。

箱庭療法はクライエントのホルモン治療のために，この後約六カ月中断した。六カ月後に再開したが，不安や夫との衝突があっても何とか持ちこたえているということと，夫が外勤になっても一人で昼間の家事もこなせているということで，一応終結した。なお，投薬も殆どなくなりつつあるとのことであった。

Ⅳ　考　察

本事例では初期の面接から，セラピストの想像活動には対極的なイメージが自然発生的に頻回するが，それらをセラピストが体験し続けることで，第4回面接で，クライエントの置く箱庭に脆弱ではあるが容器が布置するようになる。そして第6回面接でセラピストの想像活動に結婚式のイメージが現れる。これは花嫁でもあり、かつ死者でもあるクライエントと夫が古風な祝言をあげるという内容であるが、ここでの夫はクライエントの実際の夫であるとともにセラピストでもあることが推測される。クライエントとその夫、クライエントとセラピストが「錬金術的容器」のなかで「死のコンユンクチオ」の体験を行いつつあることが窺われる。当然、そこには対極的に「生のコンユンクチオ」としての結婚式のイメージも存在していることは明らかであるが、以上の「神秘的関与」の深まりは、この回の後にクライエントが永年患っていた気管支喘息と似た症状をセラピストも体験したこと、さらに第９回面接で面接場面において似た症状をセラピストが抱えられるようになるとクライエントも抱えられるようになってきた（第10回面接）ことからも窺える。「死のコンユンクチオ」を背景にした変容性逆転移の体験を通してクライエントの症状も軽減していった（第10回、第11回面接）。

その後の面接においては第12回面接の箱庭には再び中心化が見られるが、第４回面接よりも統合性の高いものになっている。そして第14回面接の想像活動のなかで、セラピストに過去の家族関係や夫婦関係について空しさのなかに意味を見いだすという想念が浮かぶと、双方の家族が入れ替わるというイメージが布置してくる。するとクライエントは二つの家族が橋で繋がり、行き来ができるようになるという箱庭を置いた。ここでの箱庭の制作は、箱庭を置くという身体的な体験を通して、同時に「繋がる」という内的な体験が成立したように思われる。これは、これまでクライエントが充分に統合できなかった男性的なもの（父性）と繋がることでもあり、その結果、切断するという機能が賦活できるようになったとも推測できる。実際にクライエントの現実生活においても、夫を自分と異なる存在として認識できるようなったとのことである（第15回面接）。これは「神秘的関与」としての「死のコンユンクチオ」からの分化を意味するものである。箱庭における「繋ぐ」という体験を成しえた故に切断する体験も行うことができるようになったものと考えられる。そしてセラピストからも分化していった。こうしてクライエントは日常生活に復帰していった。

事例研究 **4**

身体の痛みは、逃れられない人生を生きる痛みである

——身体表現性障害の成人男性の箱庭療法

Ⅰ　はじめに

ユングやヒルマンは「人生の意味や目的がわからないことに悩むという現代の神経症は創造欲求を心理化することに失敗することからくる」ものと述べている。織田はここで言われる心理化の意味をさらに拡大して心理臨床の場面におけるセラピストとクライエントとの想像活動までに含めて言及した。(5) 織田によると心理化とは以下の内容を伴うものである。

①私たちが生きる上で経験する日常茶飯の出来事、身体に生じる現象、さらには私たちが対人関係においてとる行動を、心理的なものとして経験する場合、それを心理化という。心理化とは、さまざまの経験を心理的な現象として経験することである。

②心理化には、自らの課題や傷つきに対して正面から取り組むという、主体的な態度の問題を含んでいる。治療者が心理療法的な関係性のなかで自らの経験を心理化しようと取り組む場合に初めて、患者の心にも心理化の動きが布置する可能性がでてくる。言葉を換えれば、治療者が心理化の布置に心を開くことができるよ

うになったとき、患者は自分の経験を心理化できるようになる。

さらに織田は心理化の作業においては「絶望を含む不安や抑うつを抜きにして心理的な体験は不可能である」とも述べている。

ここでは「身体表現性障害」と診断された壮年期を迎えた男性の事例を通して、身体症状としての「痛み」が「心の痛みや不安として」心理化していく過程について報告する。また、この心理化の作業では、面接のなかでセラピスト自身にも身体の痛みが布置するとともに、想像活動のなかでセラピストが日常生活では充分に直面したことのない「人生の意味」「これから自分はどこに行こうとしているのか」「これまでの人生は自分にとって何であったのか」という問いを自然発生してくる想念として体験したことが大きな意味を持ったと考えられる。以上の体験はセラピストの体験であるとともに、クライエントの体験でもある。また、それらの想念には、クライエントを支えていた揺るぎない合理的な知性と自我に対するある種の「絶望」が含まれていたが、かかる絶望を通してこれまでクライエントが生きようとしなかった心の傾向性に眼を開くことにつながっていった。すなわち、人生の後半に向かう「個性化」への変容の兆しにもなっていったのである。そして何よりも重要なことは、箱庭がクライエントにとって身体と心をつなぎ、以上のような身体化症状の心理化の作業を促進した点である。

Ⅱ　事例の概要

クライエント——D氏（面接開始当時・五十五歳）

主訴——身体全体のしびれと疼痛

家族構成――妻（五十三歳）、二人の息子と娘（現在はすでに独立して自宅を離れている）

問題の経過・生育歴――クライエントは某製薬会社の中間管理職（部長）だったが、社内における上司などとの対人関係のストレスからX年の五年前よりうつ病（大うつ病）を患うようになった。その間に癌（直腸癌）も発症した。X年の二年前に退職し、その後は薬物療法と静養によってうつは軽減し、直腸癌も治療されたが、X年四月より今度は激しい身体の疼痛に見舞われた。それは新しい会社への役員としての復帰が決定した矢先で、これにより復帰が不可能になった。X年五月より医療機関からの紹介で当相談室に通うようになる。クライエントは陶芸や絵画などの表現活動に日頃から親しみ、箱庭療法にも関心を示した。生育歴は両親ともに小・中学校長、四人兄弟の次男。両親から厳しく育てられたという。小・中・高校ともに学業、スポーツ万能。最難関のT大学および大学院で薬学を学んだ。

箱庭療法の経過

面接の頻度は原則的に二週に一回であったがクライエントの都合で一週間や三週間の間隔の回もあった。心理療法終結時に至るまで、毎回箱庭が置かれた。

第1期（X年五月二〇日～X＋一年二月二一日・初回～第31回面接）

この間クライエントの痛みの症状がセラピストに布置して、セラピストにとっては辛い時期であった。なお、セラピストの想像活動においては、これまでの自分自身の人生に対する無意味感や空虚感に関する想念が自然発生してきた。このような「人生の意味を問う」想念が現れるに従い、クライエントの置く箱庭に中心化が見られるようになり、容器のイメージも表現されてきた。そして、クライエントの身体症状は心理化され不安感を感じられるようになってきた。

初回面接　初めての面接ということからか、クライエントは背広をしっかり着て隙のない態度で臨んだ。セラピストはクライエントの礼儀正しさに息苦しさを覚えた。そして「毎日寒気がでて辛いです。どうしても自分を責めてしまいます。五十歳で発症しましたが、部下の出世の話を聞くと自分はどうしてこんなことになったのか後悔ばかりをしています。夢を見ることもありますが、夢のなかで英語でしゃべっていることも多くあります。カナダに滞在したときは人間関係も複雑でした」と語った。

セラピストの想像活動　白いドラゴンが見える。

クライエントは「私は常に何かを考えてしまうのです。中学生のときに読んだ本に〈ボスは、たとえ間違っていても自信をもって決定を下さなければならない〉という意味の言葉がありました。私にも、部下に対して不安を見せないで決めなければならないという強迫観念がありました。情けないことですが、頭の切り替えも充分にはできないのです」と語った。

セラピストの想像活動　白いドラゴンが蛇踊りをしているイメージが見える。

箱庭1回目　箱庭には湖とヨットが置かれ、湖を起点とした川が作られた。湖畔には家とベンチに佇む男女が置かれた（写真28）。そしてクライエントは「こんなものですかね。湖から川が流れているというものです」と説明した。

箱庭制作中のセラピストの想像活動　白い穏やかなドラゴンが鼻から息をはきながら川を渡るイメージが現れる。今度は目の前をきらきらと輝きながら小川が流れているイメージに変わる。そのとき（当時セラピストの実父が亡くなったばかりであった）今後の人生について思うだけで身体がものすごくだるくなってきた。なお、箱庭終了後にセラピストに布置した小川や水のイメージとクライエントの置いた箱庭との共通性を感じた。

第４回面接　クライエントは「身体症状がひどくてたまりません。午前七時に起きて食事をとり、その後に寒気が出始めてお腹の周りが急激に痛くなるのです。痛みが寒気に変わるような気もします。パキシル（投薬名）を大量に飲んだときも同じようなことがおきます。それから一〇年前、カナダで工場長をしていたときに日本から社員がやってきたのですが、その社員が現地の労働者に対して話す英語があまりに下手なので私が怒鳴っているという夢をみました」と語った。

セラピストの想像活動　羽田空港から横浜に向かうリムジンバスのなかのイメージ。セラピストはバスに乗っている。激しい緊張感と疲労に襲われる。眼下の高層住宅が威圧的で息苦しい。そしてバスの窓からマンションの一室が見える。汚い部屋である。突然セラピストは息苦しくなり、激しい下腹部の痛みを覚えた。セラピストに激しい身体症状が布置したのは今回が初めてであった。

セラピストが想像活動に集中している途中の沈黙の後、クライエントは「かつて会社にいたとんでもない奴が出世してのさばることへの怒りも出てきます」と語った。

セラピストの想像活動　極めて合理的に整備された空港のイメージが現れる。重いカバンをひきずるビジネスマンたちが見える。そして如何にもまずそうな空港食堂のメニューのイメージに変わる。

箱庭４回目　箱庭は上下二つの領域に分けられ、中心に川が作られた。岸辺にはさまざまな動物や人間が川を眺めるように置かれた（写真29）。クライエントは「何となくこんなものが出来ました。春の小川でしょうか」と説明した。

箱庭制作中のセラピストの想像活動　数年前に行った上海の夜の光景。民族衣装を着て民芸品を売る美しいロシア人の少女のイメージが浮かんできた。街並みは派手でもそこにはどこかノスタルジーがあった。私の身体にすでに身についているものを、今後の人生のなかでわずかばかり表現できる場所があればそれでよい。けれども胸や腹部が相変わらず痛くなっている。

第７回面接

クライエントは「ここのところは調子が良いです。一二時間以上ベッドにいることはなくなりました。それからこんな夢をみました。デモの輪が広がってイスラム教徒とキリスト教徒の地球規模の戦争になり、気がつくとスピルバーグ監督が出てきて〈これは映画です〉というものでした。それから、以前いた会社の社長にくってかかる夢をみました」と語った。

セラピストの想像活動　クライエントと関連が深いＴ製薬の風景。それは川の向こう岸にあった。当時少年であったセラピストには、Ｔ社の白亜の建物が美しい城に思えた。やがて、クライエントの姿が現れる。クライエントは農家の元気のよい叔父さんである。とても人の良い感じである。農家の外にトイレが見える。

すると、クライエントは「本当に社長はむちゃなことばかりを言っていました。夢を見ると激しい怒りが噴きだしてきます」と語った。

セラピストの想像活動　Ｓ川の流れのイメージが出てくる。とても速い流れである。やがてプールで泳ぐクライエントのイメージに変わる。そして夏の日の花火大会のイメージ。思い出すと本当に寂しいなあ……暑い夏。

箱庭７回目　入り江と海が作られる。入り江には猫を連れた少年が置かれる（写真30）。クライエントは「これは入り江です。ここで釣りをしました」と説明した。

箱庭制作中のセラピストの想像活動　突然、頭を締め付けられるほどの痛みが走る。いてもたってもいられないような痛みである。砂に指で絵を描くクライエントのイメージが出てくる。やがてそれは庭仕事をするクライエントのイメージに変わる。頭が締め付けられる。今度は首の周りが痛くなる。やがて痛みのなか、少年時代にあった近所の商店とそこで飼われていた可愛い三毛猫のイメージが出てくる。

第10回面接

クライエントは「再び激しい痛みがやってきて、いてもたってもいられません。さらに夜眠れなくて辛いです」と語った。

セラピストの想像活動　左半身に激しい痛み。やがて東北地方の寂しい漁村の風景があらわれる。海には雨が降っている。痛みが右半身に移る。

するとクライエントは「再び会社の夢をみました。勝手に私用のジェット機を購入したNがでてきました。それから英語で話している夢をみました」と語った。

セラピストの想像活動　腹部を中心に身体中が痛い。空港の緊張したイメージに過呼吸になりそうだ。

再びクライエントは「アメリカならまだしも日本でこんなもの（ジェット機）を購入しても意味がない。それから、本当に自分は仕事狂であったと思います。自分には会社以外の事はまったく興味がなかったです。はやく、以前の会社のことを忘れたいのですがどうしても忘れることができません。それから、夜眠れません」と語った。

セラピストの想像活動　夕日のなか、川の向こう岸にS社が見える。長い道のり。烏瓜の揺れる竹藪のなかの道。自転車をひく少年時代のセラピストの姿が見える。全身の痛みが激しくなる。

箱庭10回目　川のほとりには工場やさまざまな建物が並べられる（写真31）。セラピストが想像活動のなかでみた少年時代の川の向こうの光景と重なるものがあった。クライエントは「昨日、水彩画の画集を観て、水辺を描いたものが、とてもきれいでした。これは川のほとりのイメージです」と説明した。

箱庭制作中のセラピストの想像活動　セラピストが過去に職場で苛めに似た体験をしたことを思い出し激しい怒りが出てくる。私の過去は何だったのかという想念が出てくる。体中に痛みが走る。やがて、とてもにこやかなクライエントのイメージが見え、木立の向こうに川が見え、平和な時間を実感する。

第12回目面接　クライエントは「ここ一週間は調子が悪いです。新しい会社にもかなり迷惑をかけているので心配になってきました。焦りと苛立ちで身体中の痛みが激しいです。絵を描いていても集中できません。それから、ときどき鬱になることがあります。自分は何のために生きているのかと考えてしまいます。人生の意味について考える暇など青年時代以来ありませんでした。両親は八十歳を過ぎて淡々とした日々を送っています。友人の奥さんが最近亡くなりました。私はこれからどうなるのかわかりません」と語った。クライエントが人生の意味云々を話題にしたのは今回が初めてであった。

セラピストの想像活動　再び身体中に痛みが走る。セラピストの故郷の昔の風景。寂しい田園地帯。冬、小雨の砂利道を走るトラックのイメージなどが出てくる。

箱庭12回目　海と山の風景が作られる。海から陸へと亀が登ってくる場面が置かれる（写真32）。クライアントは「何となくこんなものが出来ました」と説明した。

箱庭制作中のセラピストの想像活動　セラピストの頭が締め付けられるほど痛い。足も痛い。人間は謙虚であらねばならないという想念に襲われる。次に、シカの鋭い角のイメージが見える。その後、籐の椅子に横たわり庭を眺めるクライエントのイメージに代わる。そして傷だらけの白黒の猫が雨にうたれているイメージが見える。突然セラピストは激しい眠気に襲われる。

第17回面接　クライエントは「痛みは相変わらずですね。マイスリー（投薬名）を使うことで眠りはよくなりました。それから新しい会社の社長は私の症状にとても良く理解を示してくれて、いつ出社しても良いと言ってくれています」と語った。

セラピストの想像活動　若い日に行った、妻の実家のあるS県のS町やN山の風景が見える。「ああ私は家庭生活にも疲れてしまった。……生活に追われていた昔」という想念が浮かぶ。

するとクライエントは「私は性格的に常に何かをやっていないと不安になります。いつもしっかりと計画をたてて生活して、自分を駆り立てていないと駄目なのです」と語った。

セラピストの想像活動　私が幼いとき、当時の母は事務職に追われていて私の存在など念頭にはなかった。そして私は両親から常に追い立てられ続けた。私は家族の物語を捨て、もっと大きな物語に生きたいという想念が浮かんできた。

沈黙の後、クライエントは「ものを考えるとそのことに囚われ、それから自由になれない。私はたとえ泥酔しても自意識だけは明晰でそのことが、生きることを辛くしているようだ」と語った。

箱庭17回目　海と陸が作られ海には船が二艘おかれる。クライエントは「あまり考えないで置きました」と説明した。

第18回面接　クライエントは「調子がとても悪いです。何もできずに一日中、痛みで寝ているときがあります。痛みが身体中を走っています。前の会社の社長が部下たちに命令している夢をみました。嫌な奴で私が発病する原因のひとつにもなっています。私には非常に強い出世志向がありました。それを上司がうまく利用したのだと思います。こき使われ、三カ月に二回以上も海外出張させられました。そのころから腹部膨満感や不眠が続き、身体中も痛くなりました。とにかく結果を出さなければまったく意味の無い世界でした。そしてどうしても出世しなければならない、もっともっと出世しなければならないという強迫観念に苛まれ続けられました」と語った。

セラピストの想像活動　大きなムカデのイメージが現れる。続いてムカデに刺されるクライエントのイメージが現れる。さらに藁人形に針が刺さっているイメージが現れる。

箱庭18回目　中心に池が作られ、池には貝とガラス玉が置かれた。ミッキーマウスたちがそれを囲むように並べられた（写真33）。クライエントは「何となくこんなものができました」と語った。

箱庭制作中のセラピストの想像活動　すべてが意味を求めなければならないという病気を患っているという想念が浮かぶ。心理療法すら意味を求めるという病の一部なのかも知れない。やがて、私の相談室に七年くらい通っていた統合失調症で引きこもりの青年のイメージが現れる。彼はまったく何もしない日々を送っていたが、何か豊かなものを持っていた。古い物置のひさしのイメージが現れる。

第22回面接　クライエントは「それからここ二週間は痛みの感じではなく憂鬱と不安感に苛まされています。郷里の母から電話があり、私が仕事を辞めたことでヒステリックに怒鳴られました。両親が大げんかをしたそうです。そういうことを耳にするだけで調子が悪くなります。弟に実家に行ってもらい、私のことを説明してもらいました。妻の方は、病気が治ったらこの県にいる必要性がないので郷里に帰ろうと言っています」と語った。

セラピストの想像活動　私は自分の人生に何を求めているのか。何がしたいのかも分からないままに結婚してここまできてしまったという想念。やがて城と堀のイメージが見える。五〇年前のセラピストが産まれた浄土真宗寺院の光景が見える。報恩講という講の精進料理の温かいがんもどきのイメージ。私が人生の方向性を誤ってしまったのは高校生の頃か？　私には教師など向いていなかった（かつてセラピストは高校の教師だった）のだという想念。

箱庭22回目　中心の湖に島が作られ，さらにその中心に花が置かれた（写真34）。箱庭に中心化が見られるようになった。

クライエントは「中心には花ですかね。それから，私が故郷に帰っても昔住んでいた頃の建物はないので全然落ち着きません。昔，受験勉強をしていた頃は風呂は薪で沸かしていました。そういうことを思い出します。昔，庭には蟻地獄があり，それをよく観察したものでした。それから当時飼っていた犬が亡くなったことなどを思い出します。過去を思い出すことも多くなりました」と語った。

箱庭制作後のセラピストの想像活動　寺の古い本堂のイメージが浮かんできた。冬場に干された稲の匂いがする。冬の香り。寂しい。そうだこの寂しさこそが私の根源である。思えば，当時の人びとも随分亡くなったなあ……，との想念が浮かぶ。

第24回面接　クライエントは「最近老後に対しての不安感が強くなりました。生涯年金も変わってしまうと言われています。それから，以前の会社で後輩を指導している夢をみました。昔から他人に教えたり指導することに優越感を持っていました」と語った。

セラピストの想像活動　私はいい気なものであった。まったく世間に対しては無能力者だった。まったく何もない私……。他人を羨ましく思えるゆとりのないほど愚かな私だったという想念が浮かんできた。

すると以上の想念とはまったく逆にクライエントは「やはり友人を見ていると，あんなに能力のない奴がなんであそこまで出世できて自分はできなかったのかと不甲斐なさを感じてしまう。さらに，なぜ病気になるようなストレスを自分の力で回避できなかったのか，と情けなく思ってしまう。目標を設定した建設的な生き方ができないといらいらしてしまう」と語った。

箱庭24回目　中心に島が作られ、その真ん中にガラス玉が置かれる。それをミッキーマウスたちが守るように並べられる（写真35）。箱庭に容器のイメージが表現されたような印象をうけた。クライエントは「何となくこんなものができました」と語った。

箱庭制作中のセラピストの想像活動　美しいステンドガラスのあるマンションの入り口のイメージが見える。花びらのイメージも見える。コスモスの花の咲き乱れるイメージに変わる。どうしても自分の運命みたいなものを、自分の愚かでスローなペースを受け入れていくしかないのだ。

第25回面接

クライエントは「ここのところはよく眠れ、昼間の痛みも軽減しています。薬の副作用で口のなかが気持ちが悪いです。けれども相変わらず、早く良くなってくれないと困るという気持ちが強いです。それから、かつての会社が夢に出てくる頻度が少なくなりました。自分は、結局は一匹オオカミだったのです。そういえば一匹オオカミは辞めていく者ばかりでした」と語った。

セラピストの想像活動　北海道、阿寒の山並みのイメージが見える。冬の北海道である。しかし雪は降っていない。続いて、かつてセラピストが勤務していたF市の教育センターの重々しい建物のイメージが現れる。期待を胸に勤務した職場だったが、その期待はすべて裏切られてしまった。

箱庭25回目　中心に青い玉が置かれ、ドラえもんやミッキーマウスがそれを眺めている。クライエントは「特に説明することはありません」と語ったが、セラピストとクライエントとの間に初めて柔らかい空気が流れているのを感じた（写真36）。今回もまた容器のイメージに近い印象を受けた。また今回初めて幻想的な小女像が置かれた。

箱庭制作中のセラピストの想像活動　松林、木造の建物が見える。突然「私は心理療法家ではない。心理療法家が私になったにすぎない。何か大きな力が愚かな私に心理療法家を演じさせている。私と心理療法家とは完全に別な存在である。私はどこまでいっても無能力者でしかない」という想念が浮かぶ。

第31回面接　クライエントは「ここのところ痛みはまったくありません。ようやく良くなってきた感じです。ただし、焦燥感と不安感はあります。それから最近、家に関する夢を多く見ます。これまでの人生で引っ越しを二三回もしました。それから妻と外国の家に引っ越した夢をみました」と語った。

セラピストの想像活動　身体の痛みがまだ残っている。特に腹部に痛みを感じる。そして突然、かってセラピストがお世話になった人びとへの感謝と怒りの気持ちが出てくる。「自分はどうしてこのように対極的な気持ちに苦しむのであろうか。青年時代より対極的な気持ちを抱えることができずに苦しんできた」という想念が浮かぶ。

箱庭31回目　海と陸地を作り、陸に花や木々と西洋風の家を置く。クライエントは「夢のなかの家のイメージでしょうか」と説明した。

箱庭制作中のセラピストの想像活動　セラピストの父親や、かつてお世話になった人びとへの憎悪ともいえる激しい怒りと感謝の気持ち。やがて箱庭を置くクライエントの姿が見える。山を作っている。そして中国の大同の石仏のイメージが現れる。クライエントが石仏の近くにいる。

第2期（X＋一年三月一四日〜X＋一年九月二八日・第32〜45回面接）

クライエントの身体症状は軽減したが、不安感と焦燥感は相変わらずであった。セラピストは第1期同様に痛みの布置に向き合うとともに、おそらくクライエントが体験できていない人生に対する虚無感と無意味感を想像活動のなかで体験する。そしてクライエントもまた無意味感に少しずつ向き合うようになっていく。

第35回面接　クライエントは「痛みが消える日もありますがその分、不安感が激しくてたまりません。痛みだか不安感だか実際のところわからなくなります」と語った。

セラピストの想像活動　息苦しい。首の周辺が激しく痛む。汚い鶏舎で鶏の頸をつかむクライエントの姿が見える。

セラピストの想像活動の後、クライエントは「これまで見たことのないような耐えられないくらい不快な夢を見ました。懐石料理の場でとても美味しい肉が出されました。それは何と人間の胎児の肉だと聞かされました。不思議と美味しかったのです。……昼間は陶芸をしたり絵画、水泳、株などをやっています。とにかく無意味なことに耐えられません。こうしていても意味に囚われてしまいます。それから最近テレビを観ても全然面白く感じられません。絵の方も達成感が全然ないのです」と語った。

セラピストの想像活動　大きな亀のイメージ。無味乾燥な荒れ地で農作業をするクライエントのイメージが現れる。続いて釣り堀で魚釣りをする父のイメージに代わる。

箱庭35回目　箱庭には海、巨大なミッキーマウス、トンネルとレールなどが置かれる（写真37）。クライエントは「何となくこんなものが出来ました。それからまた会社の夢をみました。けれども嫌なことを思い出すことは少なくなりました」と語った。

箱庭制作中のセラピストの想像活動　身体中が痛い。大きなまるで生きているような鯉のぼりのなかをくぐるクライエントの姿が見える。そのとき、「人は何故に淡々と無償の行為を他人に対して行うことができないのだろうか？」という想念が浮かんでくる。雪の降りしきるイメージに変わる。寺の参道にいる祖母のイメージ、遠い昔の風景である。祖母は「寒い寒い」と言っている。鄙びた寂しさしかない風景のイメージが出てくる。そしてまったく、まったく面白くなかった私の人生という想念が浮かんでくる。川原のイメージ。冷たい空気。鳩尾の痛み。ああ、空虚である。本当に空しい。

箱庭制作後のセラピストの想像活動　たくさんの白いキノコの群れが見える。つまらない私の人生という想念。突然、以前に生活苦の母親が娘の突然死に混乱して相談室を訪ねてきたときのイメージが現れる。その母親は心理療法の過程で、険しい山の上にある井戸から美しい水を汲み上げ、それを娘の墓に供える夢を報告し、癒されて来所しなくなった。そんなクライエントがいたことが思い出された。また箱庭制作中にセラピストが体験した鯉のぼり、生きているような大きな鯉のぼりのなかをくぐるというイメージに、箱庭に初めて置かれた巨大なアイテムやトンネルをくぐる列車のイメージとの共通性が感じられた。

第38回面接　クライエントは「不安感か痛みか分かりません。朝五時に目が覚めてしまい、背中がぞくぞくして服にカイロを入れる始末です。けれども不思議です。この場所にきたらまったくそういう感じがしません。治っています」と語った。

セラピストの想像活動　セラピストの背中が急激に痛くなってきた。入梅時で川の水が大量に流れているイメージが出てくる。頭も締めつけられる。S川、N川、K橋の夜景のイメージが現れる。現在は引きこもりの状態から解放されて来所しなくなったクライエントの少女のイメージが現れる。頸にも痛みが走る。「穏やかな自然とゆっくりした時間と風景をかえして欲しい」という想念が浮かんでくる。

するとクライエントは「インターネットで株をやっていますが思わしくなく、将来がとても不安です」と語った。

セラピストの想像活動　「ああ、かつて家族でA半島を旅行したことがあった。当時の私はまるで奴隷だった。職場に拘束された奴隷の私は、お情けで休日を与えられているかのようであった。枠に縛られ虫けらのような日々であった」という想念が浮かぶ。

以上の想念とは反対にクライエントは「かつては会社という枠があって本当に楽だった。本当に枠のない生活は不安そのものです。自分で枠をつくらないとだらだらしてしまいます」と語った。

箱庭38回目　中心に山が作られ黒いドラゴンと人びとが山に登る作品（写真38）。クライエントは「これは三原山ですかね」と説明した。第1回面接におけるセラピストの想像活動のなかでの白いドラゴンから、今回の黒いドラゴンとの対応性などが連想された。

箱庭制作中のセラピストの想像活動　全身の痛みが強烈になる。本当に自分の人生には意味がなかった。無意味、無意味という想念が強烈に浮かんでくる。やがてクライエントの姿が見える。思えば彼の人生は知性と意味を求めることの奴隷であったという想念も浮かぶ。そしてセラピストの人生はすべてが虚偽の世界であった。見えなかった人間関係が見え始めたとき、私はこの世界からはじかれた。そして、そのことに対する恐れから虚勢をはって偽りの自分を演じ続けていた。勉学も読書もすべてそのためであったが、外界への恐怖からは少しも解放されなかった。にもかかわらず見えない関係が見え始める以前の私が、心のどこかに息づいているかも知れないという想念が浮かぶ。続いて、クライエントは本当は心の優しいオヤジなのかも知れない。その人の好さがこんな偏屈な性格をつくってしまったのかも知れない。再び、私が本当に必要としているものは、求めれば求めるほど逆になり無意味であるという想念が浮かぶ。

第39回面接　クライエントは「とても良くなりました。冷や汗もかかないしヘゲタミン（投薬名）も止めてみました。眠剤も減らしましたがよく眠れます。ただし、薬の副作用で口のなかが気持ち悪いです。当時の会社の夢をみましたが、当時は管理職の立場にいた自分が辛かったことをしみじみと実感できました」と語った。

セラピストの想像活動　背中が再び痛くなる。身体全体に痛みが走る。

するとクライエントは「禁煙パッチの結果、これまで両切りピースを一日五〇〜六〇本吸っていたのを何とかこらえています」と語った。

セラピストの想像活動　堤防近くの激しい川の流れを眺めているクライエントの姿が見える。

箱庭39回目　中心に山を作り山の上に黄金のドラゴンを置いた（写真39）。クライエントは「龍は鳳凰にしたかったのですが、ぴったりくる作品です。昔、妻と一緒に瀬戸内海の小島を買いたかったのです。新しい会社にも行くことをあまり考えないようにしています。妻は仕事も何もしていなくても高給をくれる会社を不思議がっています」と語った。

箱庭制作中のセラピストの想像活動　堤防から水の流れを眺めているクライエントの姿が見える。梅雨時の空は曇っている。私の父は亡くなってからはじめて威厳ができたという想念が浮かぶ。父とクライエントの姿がだぶり、寂しい荒れ地を意味なく耕し続けるクライエントのイメージ。無意味という想念。ひたすら鍬をふるうクライエントのイメージ。身体中が激しく痛む。エネルギーが枯れるまで荒れ地を耕すクライエント。周囲の田園には水が来ているがクライエントは荒れ地を意味もなく耕している。生木が見事に裂かれているイメージ。続いて大木を切り倒すクライエントのイメージ。のこぎりでそれを曳いている。クライエントは今は亡き私の父と同じように、理解不能のエネルギーにとらわれているようである。

箱庭終了後のセラピストの想像活動　面接場面には静かな空気が流れているが、身体の痛みは相変わらずである。

第40回面接　クライエントは「身体症状の方はかなり楽になりました。ただし、不安感の方が大きいです。一日二四時間大学に通ったり仕事をしたりして一分一秒も無駄にしないというしんどい夢を見ました。それから陶芸教室でも、何を作るか計画をたてないと駄目です。意味のないことにはどうしても耐えることができません」と語った。

セラピストの想像活動　再びセラピストの頸や身体などが痛くなる。そして収穫の上がらない荒れ地で鍬をふるうクライエントの姿が浮かんできた。意味のない労働をひたすら続けている。こんな姿の父の姿を昔よく見たものである。けれどもクライエントは意味のないことをそれなりに楽しんでいるようである。

数分間の沈黙の後、クライエントは「いつまでもこんな生活が続くのはごめんです。死ぬまでこんな状態なのでしょうか。無意味には耐えられません。尊敬していた上司が最近五十八歳で亡くなりましたけれども、自分も死について考えるととても不安になります」と語った。

セラピストの想像活動　セラピストと父の姿がだぶる。ともに強迫的であり、父も死について最後の最後まで抵抗し続けた。セラピストは常に激しい圧迫感を感じ続けていたという想念。

箱庭40回目　箱庭を縦にして人間や家屋の領域、木々の領域、ガラス玉の領域を作る（写真40）。クライエントは「現実と理想と訳のわからないもうひとつの世界です。それから自分は薬学出身ということもあってどんな世界もルールに則って存在していると思います。自然界のルールは主観的なものでは決してありません。けれども最近T先生が月面に立つと神を感じると書いていました。あれだけのサイエンスの人をそう感じさせるものは一体なんだろうか。私はこの箱庭療法もまったくサイエンティフィックなルールにしたがって出来上がったものと思います。主観なんか関係ありません。けれども考えれば不思議なものです。自然界がすべてサイエンティフィックな法則に基づいて展開していることが……。生物もＤＮＡで繋がっていること自体が不思議です」と説明した。

箱庭制作中のセラピストの想像活動　クライエントとセラピストの父親がだぶり、父親が箱庭を置くイメージが浮かぶ。父親は常に何かに追われているような感じであった。気が短く何事に対しても文句を言いたい男であった。胃が痛くなる。やがて、細かい数字の書き込まれた書類に目を通すクライエントのイメージが浮かぶ。会社での一場面である。事務机や椅子などが置かれ息苦しい雰囲気でやりきれなくなる。

第42回面接　クライエントは「不安感が強いです。釣りに行って大物を釣った夢をみました」と語った。

セラピストの想像活動　炎天下の荒れ地を耕すクライエントの姿が見える。汗だくになっている。突然、セラピストが激しい寂しさに襲われる。心理療法の場にいること自体が苦しくなる。

するとクライエントは「私は毎日、陶芸、絵画、水泳、株などリズムどおり行い、それが少しでも狂うと調子が悪くなります。私はどうしても無意味にぼーっとすることができないのです。無意味に耐えられないのです」と語った。

セラピストの想像活動　荒れ地のイメージがあらわれる。突然激しい眠気に襲われる。面接場面でこんなに眠くなったのは初めてである。大きな亀が足を動かすイメージが見える。

箱庭42回目　川を挟んで木々や動物たちを置く。クライエントは「みずみずしい森林地帯と砂漠です。人を置くとしたら森のなかに置きたいです」と説明した。

箱庭制作中のセラピストの想像活動　激しい眠気に襲われる。箱庭を置くクライエントの姿が見える。冷たいラムネを飲んでいるクライエントの姿に変わる。さらに箱庭にパンと蜂蜜をかけそれを食べようとしているクライエントのイメージが見える。美味しそうである。そして冷たい水をやはり美味そうに飲み続けるクライエントの姿が見える。

第44回面接　クライエントは「身体症状は本当に少なくなっています。それから先日三年ぶりに釣りに行ってきました。大物が釣れた夢を見たのでそれに触発されて行ってきました。八時間ほど船にいてもまったく痛みはおこりませんでした。実際には一匹しか釣れなかったのですが、それはそれで良いと思いました。それでも自信がつきました。たばこも辞められています」と語った。

セラピストの想像活動　再び痛みが走る。秋晴れ、紅葉のイメージ。そして畑を耕すクライエントが見える。荒れ地ではあるがゆったりと耕しているイメージが見える。自分から積極的にやろうとすることはすべて無意味であり、能動的に動くことは自らを破壊させることに導くという想念に囚われる。

クライエントは「テキサスにいたころが一番幸福でした。子どもたちもアメリカンスクールに馴染んでくれ、私も釣りやゴルフ三昧の日々でした。釣れすぎて困ってしまうほどでした」と語った。

セラピストの想像活動　何かを意図的に行おうとするな。ひたすらこころの白然な働きにまかせよという想念。すべてが自然に意図されてくるものである。

（……長い沈黙……）

虫の音が聞こえる。私のこれまでの人生は間違っていたという想念。

箱庭44回目　箱庭を縦にして神々の領域と花の領域を作り川をはさんで、ニューロンのような橋を作る（写真41）。クライエントは「彼岸と此岸とが神経伝達物質で繋がっています。でもまだ完全に繋がっているとは言えません。それから、私はアメリカ人から〈あなたのような自我の強い人は日本人には珍しいでしょう〉とよく言われました。我王というあだ名を英語で言われましたよ」と語った。

箱庭制作中のセラピストの想像活動　荒れ地を耕しているクライエントの姿が見える。クライエントはそのことに喜びを感じているかのようである。「私（セラピスト）の人生は無意味であった。ただ迷いの日々であったという想念が浮かぶ。けれども、現在の私の仕事は私のものではない。何か大きな力によってそうさせられているのだ」という想念。

第45回面接・最終回　クライエントは「痛みはなくて不安はあります。不安の原因が痛みに代わるのではないかという予期不安ですが、実際には痛みに代わることはなくなりました。本当に少しづつ確実に良くなっていることは分かります」と語る。

セラピストの想像活動　痛みではなく身体の重さのような感じが布置する。秋晴れの下、荒れた畑を耕し続けるクライエントの姿が見える。何とこんな荒れ地からサツマイモがたくさん収穫され、それを大地にたたきつけるように畑の脇に置くクライエントの姿にセラピストが驚く。やがて、クライエントと父親が重なる。土埃の臭いが強烈である。犬の遠吠えも聞こえる。そして「ああ、こんなに無意味に思えた労働にも収穫があったのか」と思う。犬の遠吠えが聞こえる。

するとクライエントは「それからダイエットをして二週間で四キロ痩せました。夕食をキャベツだけにすれば大丈夫です」と語った。

セラピストの想像活動　そうだ私の父親も狂気じみた意志の固まりであったという想念。呼吸が深まる。

白い犬を連れ鍬をふるうクライエントのイメージが見える。ああ、寒い日の帰り道。何と意味がない人生なのであろうかという想念が浮かんでくる。どこに行っても何をしても癒されることのない私。ただ空しく無意味であるという想念。他者が限りなく遠い存在であるという想念。そのとき突然クライエントがセラピストの肩をたたいてくれるイメージに変わる。

箱庭45回目　山を作り、花々を並べ、大きな虎を置く（写真42）。実に今回クライエントは時間をかけて箱庭の制作を行った印象をうけた。クライエントは「陶芸は前もって何かを制作しようとするが、箱庭はイメージが自然に出てくる感じがして不思議です。この虎は本当に貫禄があります」と説明した。

箱庭制作中のセラピストの想像活動　今度は無意味なものはなにひとつ存在しないという想念。箱庭のような物質もある種の超越的な機能を持っているのではないかという想念。やがて眠気に襲われる。確かに身体が軽くはなってきている。物質の言葉は物理学の言葉である。しかし、物質も外なる心に過ぎず、本来は心と繋がっているのではないかという想念が浮かんできた。

今回をもってクライエントからの要望もあり箱庭療法を終結した。

Ⅳ　考　察

今回の症例ではセラピストの想像活動に、人生に対する無意味感や虚無感が想念として身体の痛みを伴いながら頻回した。以上のような人生に対する絶望を伴うテーマは、壮年期を迎えて老いにさしかかるセラピストやクライエントにとって、「人生後半の課題」として避けて通ることのできない問題であると考えられる。

ユングは次のように述べている。

「到達した高みに固執しようとするなら、たえず努力して意識を調整し続けなければならない。だがこの賞賛すべき、不可欠と思われる戦いがやがて内面の枯渇と硬化をもたらすことがわかるだろう。信念は機械的なおしゃべりになり、理想はひからびた習慣になり、熱意は自動機械じみた身振りになる。命の水が涸れる。……これは破壊そのものである。破壊とは意図せぬ犠牲だからである。だが進んで犠牲を捧げた場合は、事態は変わってくる。その場合に起こることは、転覆、〈あらゆる価値の転倒〉、かつて神聖だったすべての破壊ではなく、変容と保存である。(6)」

ここでの犠牲とは、人生の前半において培った強固で万能観にいろどられた自我を放棄することを意味するものである。かかる自我の放棄が人生に対する新たな再生と変容をもたらすものとされる。

ところで、クライエントは勤務する企業においては超一流のエリート社員として半ば人生の成功者であった。ところが、社内の組織の変更に伴い、上司とのそりが合わなくなり、初めての挫折体験を経験する。けれども、こうした心の痛みや傷つきを、知性と自我への強い自信を持つ彼にはどうしても受け入れることが困難であった。これは、心の痛みや絶望に関連する否定的な感情に直面することを避けることに繋がり、心理化の作業への拒否でもある。それ故に彼の身体症状は心理力動的には、身体症状に転換された「心の痛み」にまつわる否定的な感情である、と解釈することが可能であろう。

ただし、こうした否定的な感情は彼の今後の人生において取り入れることができるならば、豊かな恵みをもたらすものでもある。

このようなクライエントに対してセラピストが、その想像活動のなかで「これまでの人生は何だったのか」

「人生に対する無意味感」「寂しさや孤独」など幼い日々の風景を伴いながら多く体験するにしたがって、クライエントの身体症状は一次的に消え、身体症状を次第に心理化できるようになっていく。たとえば、セラピストの想念と激しさとともにクライエントの置く箱庭に中心化や容器のイメージが表現されるようになり（24回、25回目）、クライエント自身の痛みも一時的に軽減する。そして2期以降は痛みよりも「人生に対する不安感や無意味感」のテーマに直面するようになっていく（35回目以降）。

それは、これまで彼自身をゆるぎなく支えてきた合理的な知性と男性的な自我の影の部分に向き合うことであり、それらを意識に統合する「作業としての心理化」でもある。たとえば、35回目で、カニバリズムの夢を報告して、セラピストの巨大な鯉の体内に入るイメージに対応するように、箱庭においてあたかも母親の胎内に回帰するようなトンネルに入るイメージや、巨大で生々しいミッキーマウスを置くようになる。また40回目においても箱庭に本人自身が「わけのわからない世界」を置けるようになる。

これらはこれまでの彼の自我を支えてきた合理的な知性とは相容れないものである。また、箱庭39回目に見られるような高い山・中心に居るドラゴンのような（男根的な）傾向性とは異なり、25回目には幻想的な少女が登場している。これは、知的・論理的な思考機能とは別の、クライエントの感情的で女性的な側面を表わすものであり、彼の人生の後半の可能性を表わすものと解釈することも可能である。それは、二つの世界をつなぐニューロンの橋（44回目）にも窺うことができるし、最終回の「花々に囲まれた虎の箱庭」にもみることができるであろう。そしてそれはセラピストの想像活動のなかでの荒れ地に収穫がもたらされるイメージにも対応するものである。こうしてこの事例ではセラピストの想像活動とともに、クライエント自身の心理化の作業が促進されていったが、それは箱庭を通して、これまで切り離されていたクライエントの身体的で情緒的な側面が繋がる作業となったものとも考えられる。

事例研究5 セラピストには天の声が聞こえた

——統合失調症と診断された成人女性への箱庭療法

Ⅰ はじめに

織田はC・G・ユングの「心理学と錬金術」に言及して、そこで取り上げられているサトルボディについて「錬金術過程に関する想像力は、ものと心との中間領域を形成し、ものとしての形態と心としての形態をともにとり得る。そして中間領域は、このようなとらえどころのなさのゆえに、サトル・ボディと称せられるのである」(7)と述べている。また、心理臨床の場面におけるサトルボディの重要性についても指摘しており、「中間領域をきわめて切実に実体的に体験するならば、その場はサトル・ボディとして、ものでもあるし心理的体験でもある」、「もしも心理療法的な対人関係において両者の中間領域にこのような実体性のある体験ができれば、解離し分裂した心をつなぐことができるのではないか」(7)と述べている。

心理療法の場面におけるサトルボディ体験の重要性はさらに、本書の第2章でも論じられているように「治療的身体」という概念にも伺うことができる。「治療的身体」とは筆者の理解では、心理療法の過程で中間領域としてのセラピストやクライエントの身体が、サトルボディの体験として治癒的に機能することを指している。

本章の事例においては、セラピストの想像活動とクライエントの「治療的身体」の賦活、そしてその際の箱庭表現との関連性などについて取り上げた。

Ⅱ　事例の概要

クライエント――M子さん（面接開始時二十七歳・無職）

主訴――身体から臭いが漏れ、周囲にそれを知られてしまうので外出できない。

家族構成――父親六十歳、母親五十五歳、妹二十五歳

問題の経過・生育歴――クライエントは高校三年生の頃から視線恐怖と自己臭恐怖に悩み、卒業後の一時期は運送会社の経理の仕事をしたものの、七カ月で退職せざるをえなかった。その後いくつかの心療内科を受診するが通院の車中が苦痛になり中断する。そして二十一歳から二十七歳までは殆ど引きこもりの状態になり、昼夜逆転の生活をくりかえした。また、自宅内においても自己臭に関する妄想に苦しめられ、思考がまとまらないことが続いた。二十七歳の四月より母親に付き添われて大学病院の精神科を受診し、統合失調症と診断された。抗精神病薬が投与されるが、本人からの強い希望もあって同年七月より心理療法が導入され、筆者の相談室を紹介される。箱庭療法も本人の希望であった。

生育歴に関しては、鍵職人であった親から厳しい躾をされ、本人は緊張の連続であったという。そのために控えめで、自分の意見等を主張できなかったという。母親もまったく自己主張ができなかったという。なお、父方の叔母は統合失調症で長期入院を繰り返している。

面接は約二週間に一度の頻度で行い、箱庭はほぼ毎回置いた。

Ⅲ　箱庭療法の経過

第1期（X年七月一日〜九月一六日・初回〜第6回面接）

セラピストの想像活動が始まり、想像活動のなかで、あたかも天から声が聞こえてくるような体験をする。それは「娘の怒りの声を聞け」というものであり、これまでのセラピスト自身の父‐娘関係なども連想され、瞬時セラピスト自身が懺悔の気持ちに襲われる。するとクライエントの置く箱庭に中心化が見られるとともに、クライエント自身が身体から臭いがイメージとしてあふれだす体験をする。以上の体験を契機にクライエントの自己臭の症状は軽快する。

初回面接　クライエントは「インターネットで箱庭について調べたらとても興味を持つことができました。それから、ここでの面接も対面法ではなく、先生が私の方を向いていないのでどうにかやっていけるような気がします。それから現在家に引きこもっていますが、そこでも安心できません。父が——これは昔からですが——突然大声で怒り出したりして緊張することが多いのです。私も母もそんな父に逆らったことがありません」と語り、箱庭の制作に入った。

箱庭1回目　川を作り、川に船、船の上には人を置く。クライエントは「人が船でこのように流れてくるところが私にとって大切なイメージです」と説明した。

箱庭制作中のセラピストの想像活動　箱庭を置くクライエントの姿が見える。続いて雨が降りそうな梅雨時、川には水が流れている。水は多少は濁っている。続いて、クライエントの言動のすべてを否定する父親の顔と、水をはじいてしまう石のイメージが現れる。最後は、小さな遊園地のイメージ。土産物屋の前には花電車が停まっている。

第2回面接　クライエントは、「落ち込みがきてしまいました。父は相変わらず大声をはりあげることがありますが、それに慣れてしまったことがかえって恐ろしいです。ここではまだ緊張して充分には心に浮かんだことを話せませんが、箱庭は楽しいです」と語った。

箱庭2回目　踏切等のある街のイメージを置く（写真43）。箱庭のなかの街全体に動きが感じられる。クライエントは「これは街のイメージです。ここは踏切です。人も歩いています。動きもあります」と説明した。セラピストはクライエントの置く箱庭とセラピストの想像活動のなかの街のイメージとの対応性に驚くとともに、前回の箱庭とともにクライエントの内的世界に動きのようなものを感じられた。

箱庭制作中のセラピストの想像活動　井戸を掘る機械のイメージが現れる。突然セラピストが少年時代に通学していた高等学校のある駅のイメージに変わる。街の風景である。踏切等が等が見える

第3回面接　クライエントは「臭いは少しは気にならなくなりましたが、今度は鬱が始まり、やる気が全然おこらないのです。ずっと寝ている毎日です。確かに心が動いているのはわかりますけれども……」と語った。

箱庭3回目　海とさまざまな貝等を並べた海岸の風景を置く。クライエントは「夏だから海のイメージを作りました。心が動きます。それから、この面接室はとても気持ちがよいです。母の実家にいた頃のことなどを思い出します。それから、父方の叔父や叔母は精神病院でともに亡くなっています。私の場合も遺伝なのかとても心配です」と語った。

箱庭制作中のセラピストの想像活動　クライエントの顔が見える。やがて箱庭に石が置かれ、そこに水の流れるイメージが現れる。

第4回面接　クライエントは「ここのところは憂鬱な気分が続き、毎日寝てばかりいます。ぼーっとしてしまい、だるくてたまりません。……ここにくることにも大分慣れてきました。緊張することもそれほどではなくなりました」と語った。

箱庭4回目　椅子や机、家具調度などを並べた部屋を作る（写真44）。クライエントは「安心できる食卓の感じでしょうか。言葉にはなりませんけれども心が動いていることが実感できます」と説明した。

箱庭制作中のセラピストの想像活動　地を這うワニのような格好のクライエントが、暗い森のなかにいるイメージが浮かぶ。やがて、イメージが変わり、図書館のような建物があり、窓ガラスには森の青葉と木々が映る。突然、吸血コウモリがクライエントを襲うが、彼女はそれ手で払いのけた。するとその後明るい神殿のイメージが現れ、神殿には如来が安置されている。その神殿は如来によって守られている。なお制作後、守りとしての容器がセラピストとクライエント、そして中間領域に布置しつつあることが感じられた。

第5回面接　クライエントは「家にいてテレビを見ているときにも、背中あたりから臭いが出ているような気がします。それから将来、今のままでは自立できないなどと考えてしまい不安になります。五年以上の引きこもりの生活が大きかったです」と語った。

箱庭５回目　再び川を作り、船やアザラシを置く。クライエントは「これはT川です。心が流れるように動いていることがわかります。このアザラシはタマちゃんです」と説明した。

箱庭制作中のセラピストの想像活動　四〇年以上昔に取り壊された我が家のイメージが浮かぶ。私が病気になり母親が私の寝ている和室に食事を運んでくる。当時和室の隣にあった浴室の煤の臭いなどがする。浴室にあった古い洗濯機なども見える。クライエントが箱庭を制作する音でセラピスト自身が古い我が家に帰ったような気分である。私の戻る場所はそこであるような感じがする。

第６回面接　クライエントは「最近もまた鬱が出ています。寝てばかりいます。整理がつかずいらいらするものが頭のなかに出てきます。過去や現在の父親との息苦しい関係などです」と語った。

箱庭６回目　箱庭が四分割され、中心に東京タワーが置かれる（写真45）。クライエントは「少しだけ心がまとまってきた感じがします」と語り、突然「先生、今この場で臭いが煙りのように身体から出てきて衣服から染み出してきました。ものすごい臭いです。先生にも臭うでしょう」と言う。クライエントは面接場面で臭いをイメージとして身体的に体験したようである。

箱庭制作中のセラピストの想像活動　水のない沼地にフナが横たわっているイメージが見える。次に、草深い荒れ地にガソリンスタンドが廃屋になっているイメージが見える。荒涼たるものである。そのとき、突然セラピストの心に「こんな方法での心理療法をやっていくことに意味があるのだろうか？本当にクライエントは良くなっていくのだろうか？　私がやっていることは詐欺師と変わらないのか？」といった疑いと激しい不安感に襲われるが、以上の背景に「クライエントをセラピストの能力によって治療できる」という驕りが存在していることに気づいた瞬間、男性的な女性の声で「我が子の摩利支天《まりしてん》の声を聞かないからこんなになってしまったのだ」という声が聞こえてくる。セラピストはその声を聞くと、セラピスト自身がこれまでどれだけ自分の娘に対して高圧的であったのかを思い知らされ懺悔のために頬に涙が流れた。心を大きく揺り動かされた体験であった。以上のクライエントの体験、セラピストの超越的なヌミノーゼ的体験、そしてクライエントの置いた箱庭との関連性には感銘を覚えざるを得なかった。なお、クライエントの自己臭は今回を契機に終息した。

第2期（X年一〇月一日〜X＋一年六月三〇日・第7回〜20回面接）

この期はセラピストの想像活動のなかで、幼少時代、当時の自宅の庭で遊ぶ、セラピストのイメージが登場するとともに、子どもとしてのクライエントもその場所に現れて戯れるイメージなどが現れる。現実生活ではクライエントは外出が可能となり、アルバイトも始められるようになっていく。

第7回面接　クライエントは「昼夜の逆転は相変わらずです。寝たり起きたりの毎日です。それでも昨日から散歩を始めました。身体から臭いが出るということは殆ど気にならなくなりました。それから、思考がまとまらないということも少なくなりました。そのうちに仕事も始めたいと思ってます。けれどもときどき鬱が激しくなります」と語った。

箱庭7回目　室内を丁寧に作りそこに家具や古時計を置き、老人のアイテムにピアノを弾かせる。クライエントは「大きなのっぽの古時計です。おじいさんがピアノを弾き、周りでそれを聴いています」と説明した。

箱庭制作中のセラピストの想像活動　小さな小川を進む魚のイメージ。やがて、秋の夕暮れ時、三〇年前のセラピストが、重い鞄を持って疲労した状態で家路に急ぐ姿が見える。梨畑が続く。やがて、遙か彼方にセラピストが当時勤務していた高等学校が見える（当時セラピストは高等学校教諭であった）。当時は本当に満たされない日々であったと思う。同僚のほとんどが「かくあらねばならないという」強迫観念にとらわれていた。……突然、小川で笹舟を浮かべるクライエントの姿が見えた。すると、今度は白い着物を着て、刑場で火あぶりになる姿に変わり、やがて淡い片栗の白い花のイメージに変わる。小さなたくさんの蕾が見える。造花のように見えるが確かに生きている。

第8回面接

クライエントは「医師の方から臭いも気にならなくなったし、外出もできるようになったのでデイサービスを紹介されました」と語った。

箱庭8回目　柵で箱庭を囲い、なかに動物たちを入れる。そこには草食動物から肉食動物まで含まれる。周辺には人間たちを並べる。クライエントは「柵のなかに動物が囲われ周りにいろいろな人がいます。柵があるので動物たちは安全です。……それから父のことなのですが、父は定年退職してから何事も面倒がり、まるで浮浪者のようです。そんな父に対する怒りが出てきてしまいます。父には心の基盤がないというか、私自身もそんな父に似ていて本当に腹がたちます。融通が効かず、人間関係も下手です。私と同じです」語った。

箱庭制作中のセラピストの想像活動　秋の紅葉のイメージ。その下の川の流れ、水がとてもきれいである。秋の陽をうけて流れている。突然、古い農家の物置と畑が見える。そして農作業をしているクライエントの姿が見える。大きな烏瓜が農家の塀に絡みついている。やがて二五年前に妻と行ったA川の上流を遡って行った。秋の日のイメージ。続いて勢いのない蝶のイメージが現れる。それが、どこかクライエントに重なる。

第10回面接　クライエントは「寝たろう状態の毎日です。憂鬱な状態は続いています。一二時に寝て次の日の一二時に起きる毎日です。それでも家では掃除、洗濯、食事の準備などは手伝っています。それから、父は相変わらずよく怒り、こちらはたまりません。父は田舎で農業でもしているタイプで、都会で家庭生活などできるタイプではないのです。子どもの教育、子どもと親との考え方の違いなど全然関心がありませんでした。そんな父に自分は似たところがあるのでしかたがないですね。アルバイトの方も探していますがなかなか見つかりません」と語った。

箱庭10回目　大きなクリスマスツリーとピアノを置く。クライエントは「もうすぐクリスマスの時期なのでツリーやピアノを置いてみました」と説明した。

箱庭制作中のセラピストの想像活動　庭で箱庭を置くクライエントのイメージが現れる。クライエントは小学生くらいの少女になっている。田園のなかの水のイメージ。そこで田植えをしたり山で焼いた炭を俵に詰めるクライエントのイメージが見える。

第12回面接　クライエントは「相変わらずよく眠りますが近所に出かけたり、コンビニやスーパーにも行けるようになりました」と語った。

箱庭12回目　中心に金色の玉を置き、周辺を花や木々、ヨット、子どもを援助する人たちなどを曼荼羅状に並べる（写真46）。クライエントは「中心の周りをぐるぐるとまわっているイメージです。とても気持ちが良いです」と説明した。

箱庭制作中のセラピストの想像活動　箱庭を置くクライエントの姿が見える。続いて赤い煉瓦の農家のイメージ。砂と砂利の庭が見える。空は曇りで雨が降りそうである。うっとうしい夏の午後である。続いて箱庭の砂のイメージが見える。突然、箱庭の中心に何か丸いもっこりしたものが置かれるイメージが見える。やがてとても気持ちが良くなり、美しい水槽に二匹の錦鯉が泳いでいるのが見える。続いて子守をするベビーシッターのイメージが見える。

制作後、セラピストの想像活動のなかのイメージとの共通点に驚くとともに、間違いなく、セラピストとクライエント、そして中間領域に錬金術的容器が布置されたことを実感することができた。

第13回面接　クライエントは「多少は鬱っぽいですけど調子は良いです。朝一〇時に起きて外出しています。一応仕事を探しています」と語った。

箱庭13回目　箱庭の中心に木々の密集した森を作る。周辺に動物を置く（写真47）。クライエントは「森が中心です。これは守られている森です。周辺はサファリーパークです」と説明した。

箱庭制作中のセラピストの想像活動　箱庭を制作するクライエントの姿が見える。続いて身体の大きなミツバチのイメージ。次に、生気あふれるクライエントの顔や姿が浮かんでくる。クライエントの顔が実に鮮やかである。森が見える。森には大きな大木である楢の樹も見える。クライエントの顔と生きているウサギの顔が重なる。やがて箱庭に花がたくさん置かれるイメージが見える。

第14回面接　クライエントは「職安に行ってきました。自動車の免許を持っていないので良い仕事が見つかりません」と語った。

箱庭14回目　湖の上にピアノを置く。その後ろに青い女性のアイテム。それを囲むようにさまざまな職業の人間たちを置く（写真48）。クライエントは「これは紅白歌合戦のときに黒部ダム付近で歌っている中島みゆきです。周辺には労働者、警察官、若い女性、サラリーマンなどありとあらゆる種類の人がいます」と説明した。

箱庭制作中のセラピストの想像活動　田園が広がる。農家の庭には井戸がある。竹藪なども見える。続いて丁寧に稲の手入れをするクライエントの姿が見える。突然、箱庭の上に川が流れきれいなガラス玉が置かれる。すると突然、クライエントとセラピストとが入れ替わったような錯覚を覚える。そして、女性歌手がクライエントに信号のようなものを送ったイメージが現れる。箱庭の砂の上に青い女性の人形が置かれるのが見える。箱庭制作中にセラピストの想像活動のなかに布置した青いアイテムの人形の共通性に驚くとともに、セラピストとクライエントとが入れ替わる体験は「神秘的関与」であることが窺われる。

第16回面接　クライエントは「アルバイトが決まりました。競輪場の掃除係です。四月某日から始まります」と語った。

箱庭16回目　中心に金色の玉を置き、周辺に人々が広がっていくマンダラ（曼荼羅）を作る（写真49）。クライエントは「円を中心にして外に広がっていくイメージです。想像したよりも素晴らしい出来だと思います」と説明した。外の世界に向かうマンダラのイメージに強い印象を受けた。

箱庭制作中のセラピストの想像活動　昔の我が家に幼いクライエントが遊びに来ている。クライエントは庭で空き瓶に木の葉を入れ、ままごとのようなことをしている。遊びに熱中している。セラピストもまた幼児になって、庭にあった古い木製の机に肘をついてその光景に見入っている。クライエントの姿がセラピストの幼年時代の幼なじみと重なる。

第17回面接　クライエントは「妹に新しい部署が決まりました。コンピューターの操作に慣れないで鬱になってしまい、私までが落ち込んでしまいました。今は自分のことよりも妹のことが気になります。私も仕事が始まるまで家でパソコンの勉強をしています。それから、これまで会えなかった友達にも会ったのですが、五年以上の引きこもりの生活をしていたので外の世界がすっかり変わってしまいました」と語った。

箱庭17回目　中心にピアノと花を置き、周辺を木々で囲む（写真50）。今回もマンダラであり、容器のイメージである。クライエントは「これは世界にたったひとつだけの花です。花の周りを動物たちや木々が回っています」と説明した。

箱庭制作中のセラピストの想像活動　箱庭を置くクライエントの姿が見える。大きく長いパイプが水道道《すいどうみち》とよばれる農道に繋げられているのが見える。周辺には鉄塔や田園が見える。突然、これまでのイメージとうって変わって、刀を持った目つきの鋭い侍のイメージが現れる。続いて、クライエントとセラピストが入れ替わり、クライエントがセラピストの衣服を身につけているのが見える。

なお、今回のセラピストの想像活動においても、セラピストとクライエントとが入れ替わったイメージなどから「神秘的関与」が布置したことが窺われた。

第18回面接　クライエントは「仕事は始まりましたがとても重労働で大変です。鬱も多少はありますが何とかやっています。それから競輪場に来る人はガラの悪い人たちばかりなので唖然としました。それにアルコール臭い人もいます。仕事はグループで行います。六十代のおばさんが多く、息子の話などを聞かされます。帰宅すると洗濯や掃除、それから友達に電話をしたりしています」と語った。

箱庭18回目　中心に池を作り、池にはヨットを置く。周辺には自転車に乗った人などを置く（写真51）。クライエントは「初夏の公園というテーマで青と緑を大切にしました」と説明した。

箱庭制作中のセラピストの想像活動　箱庭を置くクライエントの姿が見える。やがて砂山に立つクライエントの姿が見える。近くに小川が流れていて川の水がとても澄んでいる。続いて四五年前の我が家のイメージに変わる。そこで春の午後、幼いセラピストとクライエントとが庭にある古い机を挟んで、ままごとに興じている。セラピストはクラエントをとても身近な存在に感じている。クライエントは木の葉を皿に盛っている。セラピストはそのしぐさをじっと眺めている。

第20回・最終回

第20回・最終回　クライエントは「一応今月の一五日で今期の仕事が終わるので、今度は末期まで新しいアルバイトを始めようと考え、Nデパートにパソコンの研修に行って来ました。でも自分にはあまり合わなそうだったので高望みはやめて、また違うバイトを探そうと思います」と語った。

箱庭20回目　中心に黄金の玉、周辺に動物をマンダラ状に並べる（写真52）。クライエントは「輪のような感じで動物たちがぐるぐると回っています。とてもぴったりしています。箱庭って本当に楽しいですね。本日は今から街に出かけます。落ち着いて外に出られるようになっています」と説明した。

箱庭制作中のセラピストの想像活動　箱庭の砂が見える。古い我が家の台所で箱庭を置くクライエントが見える。とても落ち着いている感じである。砂の上では大きなカブト虫とクワガタが戦っている。とても力強い感じである。やがて、古い我が家の庭にあったケヤキの大木のイメージが現れる。幼い日々、この白い幹がとても不思議であった。そこには山が見え、川が見え、もうひとつの世界があるようであった。そしてクワガタのような虫もいた。当時、この幹を眺めていると、寂しさや懐かしさなど、さまざまな気持ちがわいたものであった。そうだ当時の自分はあまりにも寂しかったのでこの幹に世界を見ようとして自分をなぐさめていたのだという想念がわく。

今回をもってクライエント、主治医との相談の結果、心理療法を一応の終結とする。なお、クライエントはその後の投薬の量を減らしつつアルバイトを続けている。

Ⅳ　考　察

今回クライエントの症状が大きく変化する契機となったのは第６回面接であった。この回には活動のなかで、「新しい箱庭療法」に対する疑いと不安に囚われるが、その背後にセラピスト自身の驕りが存在していると気づいた瞬間にセラピストは超越的な声を聴くことができた。おそらくセラピストの自我が一次的に放棄され、第４章で論じたようなセルフの超越的な機能が布置したことが推測される（なお、ここに登場する摩利支天《まりしてん》とは密教などで信仰の対象とされる「怒れる子どもの神」であり、元型的なイメージであると考えられる）。セラピストはこの声を通してこれまでのセラピスト自身の父‐娘関係を反省させられ、懺悔させられる。

ここにおける父‐娘関係とはセラピスト自身の父‐娘関係であるとともに、クライエントとその父親との関係でもあり、また傷つける存在としてのセラピストとクライエントとの関係である。河合[8]はここに見られるような父‐娘関係の強い布置を父‐娘コンステレーションと名づけ、その背後に元型的圧力が働いていることを示唆した。

以上のようなセラピストの想像活動に対応するように、クライエントは箱庭において初めて中心化が明確な四分割の作品を制作するとともに、面接場面で臭いがイメージとして身体から湧き出るという体験をする。これは、織田のいう中間領域としての自己臭を切実にかつ実体的に体験できたことであり、身体的なものである自己臭がサトルボディとしての意味を持つことができたと言えるであろう。そして以上のサトルボディ体験を促進させたものがセラピストの想像活動における超越的な体験であり、クライエントの箱庭体験であったと考えることができよう。実際にこの回を境にクライエントの自己臭は終息した。また、クライエントの父-娘コンステレーションも変化して、現実生活において、粗暴で抑圧的な父親とある程度の心理的な距離ができるようになっていった（第10回面接以降）。そして五年間以上の引きこもりから解放されて、外出やアルバイトを抑うつを抱えながらもできるようになっていった（ここでの抑うつはメラニークラインの言う「分裂ポジション」から「抑うつポジション」への移行を伺うことができる）。

ただしそれにもかかわらず、容器としてマンダラの箱庭が多く置かれたことや（12回、16回、17回、20回）、また、神秘的関与を推測させるように、セラピストとクライエントが入れ替わるイメージもあらわれた（14回、17回）ことなどはクライエントの病態の重篤性を推測させるものでもあり[9]、彼女にとっての社会復帰できたことの大変さを推測させるものである。今後も充分な予後観察が必要とされるであろう。

ともあれ今回のケースでは、セラピストの超越性体験を背景としたクライエントのサトルボディの体験が、治癒を可能にしたことは確かである。

文献

理論編

第1章

(1) Mitchell, R. R., & Friedman, H. S. (1994). *Sandplay: past, present and future*. Routledge, pp.1-4.
(2) Lowenfeld, M. (1939/1988). *Selected Papers of Margaret Lowenfeld*. Free Association Books, pp. 265-309.
(3) Lowenfeld, M. (1959/1979). *Understanding Children's Sandplay*. George Allen & Unwin, pp. 1-28.
(4) Lowenfeld, M. (1939/1988). *Selected Papers of Margaret Lowenfeld*. Free Association Books. Frontispiece (Margaret Lowenfeld at work at the Institute of Child Psychology).
(5) Lowenfeld, M. (1939/1988) ibid.
(6) Mitchell, R. R., & Friedman, H. S. (1994) op. cit., pp. 46-64.
(7) Mitchell, R. R., & Friedman, H. S. (1994) ibid.
(8) Mitchell, R. R., & Friedman, H. S. (1994) ibid.
(9) Bradway, K., & McCoard, B. (1997) Sand play : Silent workshop of the psyche. Routledge, pp.199-200.
(10) Jung, C. G. (1961/1983). *Memories, Dreams, Reflections*. Flamingo Paperbacks, pp. 197-199.
(11) Kalff, D. M. (1979/2003). *Sandplay: A psychotherapeutic approach to the psyche*. Temenos Press, pp. 6-7.
(12) Kalff, D. M. (1979/2003) ibid., p.8.
(13) 織田尚生（一九九〇）『王権の心理学――ユング心理学と日本神話』第三文明社、三一一頁。

(14) Neumann, E. (1973). *The Child: structure and dynamics of the nascent personality*, pp. 7-25.
(15) Kalff, D. M. (1979/2003) op. cit., p.7.
(16) Jung, C. G. (1946/1966). The psychology of the Transference. The *Collected Works of C.G. Jung, 16*. Princeton University Press, pp.233-234.
(17) Bradway, K., & McCoard, B. (1997). op. cit., pp. 31-34.
(18) Oda, T. (2004) op. cit., pp. 34-35.
(19) Chiaia, M.E. (2006). History of sandplay and analytic work. *Journal of Sandplay Therapy, 15(2)*, pp. 111-123.
(20) Oda, T. (1997). Aggression and containment in sandplay. *Journal of Sandplay Thrapy, 7(2)*, p.67.
(21) Oda, T. (1997) ibid., p. 68.
(22) Kalff, D. M. (1979/2003) ibid.
(23) Kalff, D. M. (1979/2003) ibid., pp. 37-53.
(24) Neumann, E. (1949/1970). *The Origin and History of Consciousness*. Princeton University Press, pp. 286-287.
(25) Oda, T. (2004) op. cit., pp. 34-35.
(26) Mitchell, R. R., & Friedman, H. S. (1994) op. cit., pp. 115-116.
(27) 河合隼雄（二〇〇二）「箱庭療法とイメージ――箱庭の輪郭と本質」『箱庭療法の本質と周辺』至文堂、一一－一一三頁。
(28) 奥平ナオミ（二〇〇二）「日本の箱庭とその歴史」『箱庭療法と現代的意義』至文堂、三三－五一頁。
(29) 河合隼雄（一九六九）『箱庭療法入門』誠信書房。
(30) 山中康裕訳（一九七二／一九九九）『カルフ箱庭療法』誠信書房。
(31) 河合隼雄（一九八五）「箱庭療法と転移」『箱庭療法研究2』誠信書房、i－xi頁。
(32) Bradway, K., & McCoard B. (1997) op. cit., p.53.
(33) 織田尚生（一九九八）『心理療法の想像力』誠信書房、二一九－二二一。
(34) 織田尚生・大久保雅代（一九八七）「怖い夢を見る歩行困難の少年」『箱庭療法研究3』誠信書房、一一九－一三五頁。
(35) 樋口和彦（二〇〇二）「箱庭療法の導入から、今までの諸問題、現代的意義」『箱庭療法の現代的意義』至文堂、二八－二〇頁。

第2章

(1) 松村明（一九九八）『大辞林』三省堂、二三七一頁。
(2) 織田尚生（二〇〇五）『心理療法と日本人のこころ』培風館、四六-四八頁。
(3) Jung, C. G. (1946/1966). The Psychology of the Transference. *The Collected Works of C. G. Jung, 16.* Princeton University Press, pp.233-234.
(4) 藤林樹川（一九八八）『日本大百科全書』（二一）小学館、七三四頁。
(5) Kalff, D. M. (1980/2003). *Sandplay: A psychotherapeutic approach to the psyche.* Temenos Press.
(6) Bradway, K., Chambers, L., & Chiaia, M. E. (2005). *Sandplay in Three Voices; Images, relations, the numinous.* Routledge.
(7) Oda, T. (2004). Therapist's meditation and therapeutic relationship. *Journal of Sandplay Therapy, 13(1),* pp.24-43.
(8) 岡本智子（二〇〇一）「セラピストの想像力と錬金術的容器の布置——ある青年期女子分裂病患者の心理療法」『心理臨床学研究』（一八）誠信書房、五九三-六〇五頁。
(9) Oda, T. (2001). Wounding and woundedness in the analytical relationship. Harvest: *Journal of Jungian Studies, 47(2),* pp.64-73.
(10) Oda, T. (2004) op. cit., p.28.
(11) 織田尚生（一九九八）『心理療法の想像力』誠信書房、一二七-一四九頁。
(12) Jung, C. G. (1944/1953). Psychology and Alchemy. *The Collected Works of C. G. Jung, 12.* Princeton University Press.〈池田紘一・鎌田道生訳（一九七六）『心理学と錬金術』Ⅰ・Ⅱ、人文書院〉
(13) Jung, C. G. (1944/1953) ibid., p. 275.
(14) Jung, C. G. (1944/1953) ibid., p. 274.
(15) Jung, C. G. (1944/1953) ibid., pp. 277-278.
(16) 織田尚生（一九九八）『心理療法の想像力』誠信書房、一〇八頁。

（17）Oda, T. (2004) op. cit., p.32.
（18）真木麻子（二〇〇六）「心理療法面接における治療的身体について」（修士論文、東洋英和女学院大学）。
（19）織田尚生（一九九八）『心理療法の想像力』誠信書房、八六－一〇三頁。
（20）Oda, T. (2004d) op. cit., p.36.
（21）西郷信綱（一九七五）『古事記注釈』（一）平凡社、三三八－三三九頁。

第3章

（1）織田尚生（二〇〇五b）『ボーダーラインの人びと』ゆまに書房、一九一－二四〇頁。
（2）Jung, C. G, (1946/1966). The Psychology of the Transference. *The Colleted Works of C, G, Jung, 16*. Princeton University Press, pp. 233-234.
（3）織田尚生（二〇〇〇）「こころの傷つきと想像力」『心理療法とイメージ』岩波書店、一八一－一八二頁。
（4）Jung, C. G, (1921). Definitions. *The Collected Works of C. G. Jung, 6*. Princeton University Press, pp.456-457.
（5）織田尚生（二〇〇五b）前掲書、八－一二頁。
（6）Jung, C. G, (1909/1973). The Family Constellation. *The Collected Works of C. G. Jung, 2*. Princeton University Press, pp.466-479.
（7）織田尚生（二〇〇五b）前掲書、一－三二頁。
（8）Klein, M. (1946/1975). Notes on some schizoid mechanisms. *The Writings of Melanie Klein*, 3.
（9）Oda, T, (2004). Therapist's Meditation and Therapeutic Relationship: *Journal of Sandplay Therapy, 13(1)* pp.25-43.
（10）織田尚生（一九九八）『心理療法の想像力』誠信書房、六三－八五頁。
（11）Oda, T, (2001). Wounding and Woundedness in the Analytical Relationship. Harvest: *Journal of Jungian Studies, 47(2)*, pp.64-73.
（12）織田尚生（二〇〇五a）『心理療法と日本人のこころ』培風館、六九－九八頁。

（13）Meier, C. A. (1967). *Ancient Incubation and Modern Psychotherapy*. Northwestern University Press, pp.5-6.
（14）西郷信綱（一九七五）『古事記注釈』（一）平凡社、二六一－二六二頁。

第4章

（1）河合隼雄（一九九二）『心理療法序説』岩波書店、九－二八頁。
（2）Jung, C. G. (1955-56). *Mysterium Coniunctionus*, *CW, 14*, pp. 419-420.
（3）目幸黙僊（一九八七）『宗教とユング心理学』山王出版、二〇－五一頁。
（4）織田尚生（一九九八）『心理療法の創造力』誠信書房、二〇六－二〇九頁。
（5）同書、一一二－一一五頁。

事例編

（1）藤縄昭（一九七二）「自我漏洩症候群について」、土居健郎編『分裂病の精神病理1』東京大学出版会。
（2）織田尚生（一九九八）『心理療法の創造力』誠信書房、一一二－一一五頁。
（3）同書、二〇頁。
（4）織田尚生（一九九三）『昔話と夢分析』創元社、一七五－一八二頁。
（5）織田尚生（一九九八）前掲書、一二七－一四九頁。
（6）Jung, C. G., (1952) *Symbole der Wandlung:Analyse des Vorspiels zu einer Schizophrenie.*〔野村美紀子訳（一九八五）『変容の象徴』筑摩書房。
（7）織田尚生（一九九八）前掲書、一〇七－一一〇頁。
（8）河合隼雄（一九八二）『昔話と日本人の心』岩波書店、二四九－二五七頁。
（9）横山博（二〇〇三）「日本箱庭療法学会第一七回大会における大食の事例への助言」。

あとがき

本書は織田尚生先生の遺作である。ここで共著者と先生との関係および本書が完成するまでに至った経過を述べておこう。私が先生に個人的に初めてお目にかかったのは「日本心理臨床学会」第17回大会（一九九八年）が契機となった。まったくの偶然で、先生が私の箱庭療法の事例の座長を引き受けてくださることになった。その時、先生の方から私に「あなたの座長をお引き受けすることになった織田と申します。もし宜しかったら発表前に龍ヶ崎の自宅まで御来所願えないでしょうか」との内容の電話があったのである。八月の蝉しぐれのなか、先生のお宅に訪問させていただきました。そのときの先生の印象は（その日まで、山王教育研究所で先生の講演を一度だけ聞いたことがあった）「大住さあーん」と高くなる独特の声のトーン、穏和で優しい人柄、そしてその背後に見え隠れする繊細さ、傷つきやすさ、けれどもこうしたものとは正反対な激しさ、厳しさ、意志の強さ等であった。私は、これほど初対面で対照的な印象をあたえられる人物にかつてお会いしたことがなかった（この対極性が先生の苦悩の原点であるとともに創造の源でもあることを後になって推測した）。

それ以来私は光栄にも先生から、事例に関するスーパービジョンや論文の書き方、さらにはユング心理学の最近の動向、さまざまな学派、練金術に関する知識など厳しくかつ丁寧なご指導をいただくことになった。また、以来箱庭療法関係のほとんどの学会、研修会で、先生のお伴をして、先生が理論的部分、私が事例を担当させていただいた（発表の回数は13回前後に及んだ）。そうした過程で「新しい箱庭療法」についての本を書こうという話が煮詰まっていった。その後先生の原稿がすでに完成して、先生の方から「早くあなたの分担を」と言われていたにもかかわらず、私の怠惰で延期してしまい本日に至ってしまったのである。いまに思えば誠に慚愧に堪えない。けれども私は織田先生に出会えたことを本当に幸福なことと思っている。これまでの人生でこれほど深くかかわってくださり、かつ学問的な恩恵をいただいた師は存在しなかった。感謝の気持ちと先生を失った悲しみは計りしれないものがある。今はただ先生が魂の故郷に安らかに戻られたことを深く信ずるのみである。以上が先生と共著者との関係と本書成立のいきさつである。

ここで私自身の心理臨床に対する基本的立場について簡単に触れておこう。私には織田先生のようなオリジナルな臨床の理論を構築する能力はない。そんな私にほんの少しばかりの独自性があるとすれば、私が臨床家である以前に浄土真宗の僧侶であり、親鸞の他力仏教によって自分のアイデンティティを培ってきた点くらいである。そしてこの他力仏教における、計らいを捨て自身の心の闇どこまでも見つめ受け入れていく姿勢（これは同時に仏から受け入れられていくことである）が心理療法場面での想像活動（瞑想）に集中する作業にすこぶる貢献しているという事実である。これは無意識から自然発生するイメージに全託する姿勢と重なるものである。私にとっては、他力仏教における信の深まりと心理臨床の行為は別のものではなく、ひとつのものになりつつある。

それからもうひとつ、織田先生とのかかわりを通して明らかになった事柄がある。織田先生の晩年に、私は日本神話や四季折々の自然のもつ神聖なイメージを夢を通して多く体験するようになった。それらの夢はどれも懐かしく、あたかも大地に還ったような安心感を与えてくれるものであり、身体の安らぎさえ覚えた。古事記や神話の世界は一神教的な浄土真宗の寺院の文化とは異色のものであった。そこで先生に「日本の神話の世界は日本人の無意識というよりは身体までに深く埋め込まれているのではないでしょうか？」というような愚かな質問をしたことがあった。それに対して先生は大いに関心を示してくださり、うなづかれメモをされていた。現在の私は日本神話の世界を「日本人の宿業」という仏教的な概念で理解している。そして仏教哲学者、曽我《そが》量深《りょうじん》（一八七五～一九三三年）の「宿業は本能なり、本能は感応道交する」という言葉を大切にしたいと思う。この言葉は私たちの身体とひとつとなっていた内なる「スサノヲ」や「オオナムチ」の世界を一度切断するとともに、新たにそれらと繋がることで開かれる体験を述べたものと理解している。こういう視野も織田先生との出会いを通して開かれたものである。その意味でも織田先生に心から感謝しております。

最後に、珠玉の文章による序文を賜りました老松克博先生には心から御礼申し上げます。また、本書の出版に御協力をいただきました御家族の皆様、東洋英和女学院大学院の織田ゼミの卒業生、久保木薫様、武内明子様、地域作業所あるむの藤田マスエ様、そして、誠信書房の松山由理子様、佐藤道雄様に心より感謝申し上げます。最後に、私とともに歩んでくださいましたクライエントの皆様、本当にありがとうございました。

二〇〇八年　六月一五日

大住　誠

著者紹介

織田尚生（おだ　たかお）　**【理論編（第1章～第3章）執筆】**

1939年生まれ～2007年没　元東洋英和女学院大学人間科学部教授（精神科医，分析心理学者，臨床心理学者）
専　門　精神医学，分析心理学，臨床心理学
著　書　『昔話と夢分析――自分を生きる女性たち』創元社 1993，『心理療法の想像力』誠信書房 1998，『心理療法と日本人のこころ――神話を生きる』培風館 2005，他著書多数

大住　誠（おおすみ　まこと）　**【理論編（第4章），事例編執筆】**

1952年　神奈川県に生まれる
現　職　大住心理相談室長，聖マリアンナ医科大学非常勤講師，横浜国立大学非常勤講師，浄土真宗大谷派法閑寺住職（臨床心理士）
専　門　臨床心理学
著　書　『ユング心理学+「仏教」のカウンセリング――心を癒し、「本当の自分探し」を深めるために』学陽書房 2001，『ユング派カンセリング入門』筑摩書房 2003，織田尚生編　『ボーダラインの人々――多様化する心の病』（共著）ゆまに書房 2005，他

現代《げんだい》箱庭《はこにわ》療法《りょうほう》

2008年8月30日　第1刷発行
2009年6月30日　第2刷発行

著　者　織田尚生
　　　　大住　誠
発行者　柴田敏樹
印刷者　日岐浩和

発行所　株式会社　誠信書房
〒112-0012　東京都文京区大塚3-20-6
電話03(3946)5666
http://www.seishinshobo.co.jp

中央印刷　清水製本

Printed in Japan
ISBN 978-4-414-40043-4　C3011

箱庭療法入門

ISBN978-4-414-40117-2

河合隼雄編

子どものための心理療法として考案された箱庭療法は，成人にも効果のある治療法として発展し，現在では箱庭療法を用いる臨床家が急激に増加しつつある。本書は技法，理論的背景，箱庭表現の諸相を豊富な図版を挿入し，事例を多数取り上げ懇切に説く。

目　次

A5判上製定価（本体2000円＋税）

カウンセリングの実際問題

ISBN978-4-414-40119-6

河合隼雄著

カウンセラーとして著名な著者が，カウンセリングの実際場面を通して，そこに起るさまざまな問題点を摘出し解決してゆく。さらにカウンセリングの在り方についても詳述した出色の力作として，特に悩めるカウンセラー自身に多大の示唆を与える書である。

目　次

A5判上製　定価（本体2000円+税）